LIBRO DE COCINA DE PLATOS TRADICIONALES ITALIANOS

100 SABROSAS RECETAS, DESDE EL APERITIVO HASTA EL POSTRE

EULÁLIO CANDELLA

<h1 style="text-align:center">Todos los derechos reservados.</h1>

Descargo de responsabilidad

La información contenida en este libro electrónico está destinada a servir como una colección completa de estrategias sobre las que el autor de este libro electrónico ha investigado. Los resúmenes, estrategias, consejos y trucos son solo recomendaciones del autor, y leer este libro electrónico no garantiza que los resultados de uno reflejen exactamente los resultados del autor. El autor del eBook ha realizado todos los esfuerzos razonables para proporcionar información actualizada y precisa a los lectores del eBook. El autor y sus asociados no se hacen responsables de cualquier error u omisión no intencional que pueda encontrarse. El material del eBook puede incluir información de terceros. Los materiales de terceros se componen de opiniones expresadas por sus propietarios. Como tal, el autor del libro electrónico no asume responsabilidad alguna por ningún material u opiniones de terceros.

El libro electrónico tiene derechos de autor © 2024 con todos los derechos reservados. Es ilegal redistribuir, copiar o crear trabajos derivados de este libro electrónico en su totalidad o en parte. Ninguna parte de este informe puede ser reproducida o retransmitida de ninguna forma sin el permiso escrito, expreso y firmado del autor.

TABLA DE CONTENIDO

TABLA DE CONTENIDO..3

INTRODUCCIÓN..7

APERITIVOS Y SNACKS...8

   1. Pimientos Picantes En Escabeche..9
   2. Escuela de Pizza...11
   3. Buricotta con Peperonata y Orégano..15
   4. Patata, huevo y tocino...18
   5. Stracchino con alcachofas, limón y aceitunas.......................................22
   6. Bianca con Fontina, Mozzarella y Salvia..26
   7. bolas de pizza..29
   8. Bocaditos de pastel de pollo italiano...32
   9. bolas de arancini...34
   10. nachos italianos..38
   11. Rollitos de pepperoni italianos..41
   12. Galette de queso con salami...44
   13. Buñuelos de mozzarella y espaguetis..47
   14. Brochetas de tortellini de queso..50
   15. Pan plano de albóndigas al estilo toscano..52
   16. Deslizadores de albóndigas con tostadas de ajo...............................56
   17. Tazas de pizza de seitán..58
   18. Buñuelos crujientes de gambas..61
   19. tomates rellenos..64
   20. Buñuelos de bacalao con alioli...66
   21. croquetas de gambas..69
   22. Patatas crujientes especiadas..72
   23. gambas de camarones..75
   24. vinagreta de mejillones..77
   25. pimientos rellenos de arroz...80
   26. Calamares con romero y aceite de guindilla......................................83
   27. Ensalada De Tortellini..86

28. Ensalada de pasta Caprese.. 88
29. Bruschettas balsámicas.. 90

MASA..93

30. Masa de sémola.. 94
31. masa seca.. 96
32. Masa De Pasta Básica... 98

PASTA..100

33. Escuela de Pasta.. 101
34. Ziti con Salchicha... 105
35. lasaña picante.. 108
36. Mezzaluna de berenjena y tomate confitado................................. 112
37. lasaña de ratatouille... 117
38. Canelones de berenjena.. 121
39. Salsa De Pasta De Alcachofa Y Espinacas................................... 125
40. Rigatoni y albóndigas al horno... 127
41. Penne al horno con albóndigas de pavo....................................... 130

ENSALADAS...133

42. Ensalada picada de Nancy.. 134
43. Ensalada caprese de muzza... 138
44. Stracciatella con ensalada de apio y hierbas............................... 142
45. Torta della Nonna... 145
46. Chuletas De Cerdo Asadas Con Aceitunas.................................. 151
47. Ensalada De Tortellini.. 156
48. Ensalada de pasta Caprese.. 158

PLATO PRINCIPAL..160

49. Arroz Español Italiano.. 161
50. Paella Italiana Twist... 164
51. ensalada de patata española.. 168
52. carbonara española... 171
53. Albóndigas en salsa de tomate... 174
54. Sopa de alubia blanca... 177
55. sopa de pescado.. 180

56. Pasta y Fagioli..183
57. Sopa de albóndigas y tortellini...186
58. pollo Marsala...189
59. Pollo Cheddar Al Ajillo..192
60. Fettuccini de pollo Alfredo...195
61. Ziti con Salchicha..198
62. salchichas y pimientos..201
63. lasaña picante...204
64. Cena de mariscos Diavolo...208
65. Linguini y gambas al ajillo...211
66. Camarones Con Salsa De Crema De Pesto.............................214
67. Sopa De Pescado Y Chorizo..217
68. Ratatouille español..220
69. Guiso de alubias y chorizo..223
70. Gazpacho...226
71. Calamares y Arroz...229
72. Conejo Guiso En Tomate...232
73. Gambas con Hinojo...235
74. Risotto a la boloñesa al horno...238
75. Risotto de tomate y champiñones...242

POSTRE..246

76. Tarta italiana de alcachofas..247
77. Pastel de espaguetis con albóndigas......................................250
78. Panna cotta de chocolate..253
79. Galette de queso con salami...255
80. Tiramisu...258
81. Pastel cremoso de ricota...261
82. Galletas de anís...263
83. Panna cotta..266
84. Flan De Caramelo..268
85. Crema Catalana...270
86. Crema española de naranja y limón.......................................273
87. melon borracho...276
88. Sorbete de almendras...278
89. tarta española de manzana..280

90. flan de caramelo..284
91. tarta de queso española...287
92. Natillas fritas españolas...290
93. Tarta italiana de alcachofas...294
94. Duraznos horneados a la italiana..297
95. Bizcocho italiano picante de ciruelas y ciruelas pasas.........300
96. Caramelo español de nuez..303
97. budín de miel...305
98. torta de cebolla española...308
99. pan suflé español..311
100. Semifrío Congelado De Miel..313

CONCLUSIÓN..317

INTRODUCCIÓN

Una comida tradicional italiana es una de las cosas más reconfortantes y deliciosas que se pueden disfrutar.

La sensación de autenticidad italiana se transmite a lo largo de todo el libro, ya que exploramos los platos, desde los aperitivos hasta los postres, que se servirían en la mesa de casa. Pero no confunda lo auténtico con lo convencional.

A lo largo del libro le guiamos por todas las variedades de queso.

Y encontrará todos los trucos para hacer pasta, gelato y pizzas caseras que saben como si vinieran directamente de Italia.

APERITIVOS Y SNACKS

1. Pimientos Picantes En Escabeche

Ingredientes

- 4 tazas de vinagre de vino blanco
- 2 cucharadas de miel
- 1 cucharadita de bayas de enebro
- 1 cucharadita de clavo entero
- 2 cucharaditas de granos de pimienta negra
- 2 hojas de laurel secas
- 3/4 libra de chiles Fresno (jalapeños rojos), enjuagados, sin tallos

Direcciones

a) Combine el vinagre, la miel, las bayas de enebro, el clavo, los granos de pimienta y las hojas de laurel en una cacerola mediana y hierva el líquido a fuego lento. Reduzca el fuego y cocine a fuego lento la salmuera durante 10 minutos para mezclar los sabores. Agregue los chiles y aumente el fuego a alto para que la salmuera vuelva a hervir. Reduzca el fuego y cocine a fuego lento los chiles hasta que se suavicen un poco pero aún mantengan su forma, de 4 a 6 minutos.

b) Apague el fuego y deje los chiles a un lado para que se enfríen en la salmuera. Use los chiles o transfiéralos, junto con el líquido de salmuera, a un recipiente hermético y refrigere por varias semanas.

2. Escuela de Pizza

Direcciones

a) Elige qué pizza(s) quieres hacer y prepara todos los ingredientes necesarios.

b) Retire las parrillas del horno y coloque una piedra para pizza en el piso del horno. Una piedra para pizza absorbe y distribuye el calor de manera uniforme, lo que ayuda a lograr una corteza crujiente. Compre una piedra de calidad que no se agriete por el calor extremo. En un apuro, use la parte inferior de una bandeja para hornear gruesa.

c) Precaliente el horno y la piedra a 500 °F, o lo más caliente que pueda su horno, durante al menos 1 hora.

d) Crea una estación de pizza que incluya tazones llenos de aceite de oliva, sal kosher y los ingredientes necesarios para hacer las pizzas que hayas elegido.

e) Tenga un tazón de harina listo para espolvorear su encimera.

f) Tenga listo un recipiente con sémola para espolvorear la pala de la pizza, una herramienta con un mango largo y una superficie grande y plana de metal o madera para deslizar las pizzas dentro y fuera del horno.

g) Cuando su masa esté lista, enharine generosamente su superficie de trabajo y coloque una ronda de masa en el centro de la superficie enharinada. Espolvoree la masa ligeramente con harina.

h) Usando las yemas de los dedos como si estuviera tocando las teclas de un piano, golpee suavemente el centro de la masa para aplanarla ligeramente, dejando intacto un borde de 1 pulgada.

i) Levante la masa, forme una bola con ambos puños y, con los puños hacia el cuerpo, coloque el borde superior de la masa sobre los puños de modo que la ronda se estire hacia abajo contra el dorso de las manos, lejos de ellos.

j) Mueva el círculo de masa alrededor de sus puños como las manecillas de un reloj para que la masa continúe estirándose hacia abajo en un círculo.

k) Cuando la masa se haya estirado a aproximadamente 10 pulgadas de diámetro, colóquela sobre la superficie espolvoreada con harina.

l) Cepille el borde de la masa con aceite de oliva y espolvoree sal kosher sobre la superficie de la masa.

m) Aliña la pizza, asegurándote de dejar un borde de 1 pulgada sin salsa ni cobertura alrededor del borde.

n) Espolvorea una pala de pizza con sémola y desliza la pala de pizza debajo de la pizza con un empujón decisivo. Es menos probable que rasgue o deforme la masa con un buen empujón de la cáscara que con varios empujones tentativos. Vuelva a dar forma a la pizza en la cáscara si ha perdido su forma. Agite la cáscara suavemente para determinar si la masa se soltará fácilmente en el horno. Si se pega a la cáscara, levante con cuidado un lado de la masa y eche un poco más de sémola debajo. Haga esto desde algunos ángulos diferentes hasta que haya sémola debajo de toda la corteza.

o) Abra la puerta del horno y deslice la masa sobre la piedra para pizza precalentada. Moviéndose de nuevo con decisión, tire de la pala hacia usted para dejar la pizza sobre la piedra.

p) Hornee la pizza hasta que esté dorada y la cornisa, o borde, esté crujiente y ampollada, de 8 a 12 minutos. Los tiempos de cocción varían dependiendo de la potencia de su horno.

q) Mientras la pizza está en el horno, despeje un espacio en una tabla de cortar limpia y seca o coloque una pizza redonda de aluminio en el mostrador para colocar la pizza horneada.

r) Cuando la pizza esté lista, deslice la cáscara debajo de la masa, retírela del horno y colóquela en la tabla de cortar o redonda.

s) Use un cortador de pizza rodante para cortar la pizza. Cortamos el nuestro en cuatro gajos en la pizzería, pero para las fiestas a menudo los cortamos en seis u ocho gajos para que cada invitado reciba una rebanada de pizza mientras está caliente.

3. Buricotta con Peperonata y Orégano

hace 1 pizza

Ingredientes

- 1 ronda de masa para pizza
- 1 cucharada de aceite de oliva virgen extra
- Sal kosher
- 1 taza de peperonata
- 4 onzas de buricotta, cortada en 4 segmentos iguales o ricotta fresca
- 1 cucharadita de hojas de orégano fresco
- aceite de oliva virgen extra
- 1 cucharada de sal marina

Direcciones

a) Preparar y estirar la masa y precalentar el horno.

b) Pintar el borde de la masa con aceite de oliva y sazonar toda la superficie con sal. Extienda la peperonata sobre la pizza, dejando un borde de 1 pulgada sin cobertura. Si usa ricotta, colóquelo en un tazón y revuélvalo vigorosamente para esponjarlo.

c) Coloque un segmento de la buricota o coloque la ricota con una cuchara en cada cuadrante de la pizza. Deslice la pizza en el horno y hornee hasta que la masa esté dorada y crujiente, de 8 a 12 minutos. Retire la pizza del horno y córtela en cuartos, con cuidado de no cortar el queso.

d) Esparza las hojas de orégano sobre la pizza, rocíe el aceite de oliva de calidad superior sobre el queso, espolvoree con sal marina y sirva.

4. Patata, huevo y tocino

Ingredientes

- 3 onzas de papas Yukon Gold pequeñas (alrededor de 1 1/2 papas)
- 1 ronda de masa para pizza
- 1 cucharada de aceite de oliva virgen extra
- Sal kosher
- 2 onzas de queso mozzarella bajo en humedad, cortado en cubos de 1/2 pulgada
- 3 onzas de sottocenere al tartufo rallado
- 1 onza de fontina, cortada en cubos de 1/2 pulgada
- 4 cebolletas, en rodajas finas
- 2 rebanadas gruesas de tocino ahumado en madera de manzano
- 1 1/2 cucharaditas de hojas de tomillo fresco
- 1 huevo fresco de granja extra grande
- Sal marina Maldon u otra sal marina en escamas, como la flor de sal

Direcciones

a) Cocine al vapor las papas hasta que se puedan perforar fácilmente con un tenedor, aproximadamente 20 minutos. Retire las papas y déjelas a un lado hasta que estén lo suficientemente frías como para tocarlas. Use un cuchillo pequeño y afilado para quitar la cáscara de las papas y deséchelas.

b) Corta las papas en rodajas de 1/4 de pulgada de grosor y colócalas en un tazón pequeño. Use las papas o déjelas a un lado para que se enfríen a temperatura ambiente, transfiéralas a un recipiente hermético y refrigere por hasta dos días.

c) Preparar y estirar la masa y precalentar el horno.

d) Pintar el borde de la masa con aceite de oliva y sazonar toda la superficie con sal. Esparza los cubos de queso mozzarella, sottocenere y fontina sobre la superficie de la pizza.

e) Esparce las rodajas de cebollín sobre los quesos, coloca las rodajas de patata encima de las cebolletas y espolvorea las rodajas de patata con sal. Corta las rebanadas de tocino por la mitad transversalmente y coloca una mitad en cada cuadrante de la pizza. Espolvorea 1 cucharadita de hojas de tomillo sobre la pizza y coloca la pizza en el horno durante 5 minutos, o hasta que esté a medio cocinar. Rompa el huevo en un tazón pequeño, retire la pizza del horno y deslice el huevo en el centro de la pizza. Regrese la pizza al horno hasta que la masa esté dorada, de 5 a 7 minutos. Retire la pizza del horno y córtela en cuartos, deteniéndose en el borde del huevo para que quede intacto y asegurándose de que cada porción de pizza tenga un trozo de tocino.

f) Espolvorea el huevo con la sal marina, espolvorea las hojas de tomillo restantes sobre la pizza y sirve.

5. Stracchino con alcachofas, limón y aceitunas

Ingredientes

Para las Alcachofas

- 1 limón
- 4 onzas de alcachofas baby (2 a 3 alcachofas)
- 1 cucharada de aceite de oliva virgen extra
- 1 cucharada de hojas de perejil italiano fresco en rodajas finas
- 1 diente de ajo grande, finamente picado

para la pizza

- 1 ronda de masa para pizza
- 1 cucharada de aceite de oliva virgen extra
- Sal kosher
- 2 onzas de Stracchino, cortado en trozos pequeños
- 1/2 onza de queso mozzarella bajo en humedad, cortado en cubos de 1/2 pulgada
- 1 onza de aceitunas Taggiasche o Niçoise sin hueso
- 1 cucharadita de hojas de perejil italiano fresco, en rodajas finas
- 1 limón

- Cuña de Parmigiano-Reggiano, para rallar
- 1/2 taza de rúcula suelta (preferiblemente rúcula silvestre)

Direcciones

a) Para preparar las alcachofas, llena un bol grande con agua. Corta el limón por la mitad, exprime el jugo en el agua y deja caer las mitades de limón en el agua.

b) Retira las hojas exteriores de las alcachofas hasta que te queden solo los centros de color verde claro. Corte los extremos duros del tallo, dejando hasta 1 o 2 pulgadas adheridas. Con un pelador de verduras o un cuchillo pequeño y afilado, afeite los tallos de las alcachofas, revelando los tallos interiores de color verde claro. Corte de 1/2 pulgada a 3/4 pulgada de los extremos de las puntas de las hojas para que tengan la parte superior plana, y deseche todas las hojas y trozos recortados.

c) Cortar por encima del fondo para soltar todas las hojas, desenredar las hojas y colocarlas en el agua acidulada para evitar que se pongan marrones. Cortar los tallos en rodajas finas y añadirlos al agua acidulada. Para preparar las alcachofas con anticipación, transfiéralas, junto con el agua acidulada, a un recipiente hermético y refrigéralas hasta que estés listo para usarlas o hasta por dos días. Escurrir las hojas y los tallos. Seque el recipiente y devuelva las alcachofas al recipiente. Agregue el aceite de oliva, el perejil y el ajo y revuelva para cubrir las alcachofas con los condimentos.

d) Para preparar la pizza, prepara y estira la masa y precalienta el horno.

e) Pintar el borde de la masa con aceite de oliva y sazonar toda la superficie con sal. Esparza las hojas de alcachofa sobre la superficie de la pizza para cubrir, dejando un borde de 1 pulgada de la pizza sin cobertura. Esparce el stracchino, la mozzarella y las aceitunas sobre las hojas de alcachofa. Deslice la pizza en el horno y hornee hasta que el queso se derrita y la masa esté dorada y crujiente, de 8 a 12 minutos. Retire la pizza del horno y córtela en cuartos.

f) Espolvorea el perejil sobre la pizza y usa un microplano u otro rallador fino para rallar la ralladura de limón sobre la superficie.

g) Ralle una capa ligera de Parmigiano-Reggiano sobre la pizza, esparza la rúcula por encima y sirva.

6. Bianca con Fontina, Mozzarella y Salvia

Ingredientes

- 1 cucharada de aceite de oliva virgen extra, y más para freír las hojas de salvia
- Sal kosher
- 1/4 taza de hojas de salvia frescas enteras, más 1 cucharadita de hojas de salvia frescas picadas
- 1 masa de pizza redonda
- 2 cucharadas de crema batida espesa, batida a picos suaves
- 3 1/2 onzas sottocenere al tartufo, rallado
- 1 onza de fontina, cortada en cubos de 1/2 pulgada
- 1 onza de queso mozzarella bajo en humedad, cortado en cubos de 1/2 pulgada

Direcciones

a) Vierta suficiente aceite de oliva en una sartén o cacerola pequeña de 1 pulgada de profundidad y cubra un plato pequeño con toallas de papel. Caliente el aceite a fuego medio-alto hasta que una pizca de sal chisporrotee cuando se le cae. Agrega las hojas de salvia enteras y fríe durante unos 30 segundos, hasta que estén crujientes y de color verde brillante.

b) Use una cuchara ranurada para quitar la salvia del aceite, transfiérala a las toallas de papel para escurrir y sazone con sal.

c) Cuele el aceite infundido con salvia a través de un colador de malla fina y resérvelo para freír la salvia en otro momento o para rociar sobre carnes o verduras a la parrilla. La salvia se puede freír hasta con varias horas de antelación. Guárdelo en un recipiente hermético a temperatura ambiente.

d) Preparar y estirar la masa y precalentar el horno.

e) Cepille el borde de la masa con 1 cucharada de aceite de oliva y sazone toda la superficie con sal. Coloque la crema en el centro de la masa y use el dorso de la cuchara para esparcirla sobre la superficie de la masa, dejando un borde de 1 pulgada sin crema.

f) Espolvorea la salvia picada sobre la crema, cubre con el sottocenere desmenuzado y esparce los cubos de fontina y mozzarella sobre la pizza. Deslice la pizza en el horno y hornee hasta que el queso se derrita y la masa esté dorada y crujiente, de 8 a 12 minutos.

g) Retire la pizza del horno e inclínela con cuidado sobre un plato para escurrir el exceso de aceite. Deseche el aceite. Cortar la pizza en cuartos, esparcir las hojas de salvia frita por la superficie y servir.

7. bolas de pizza

Porciones: 10

Ingredientes:

- 1 libra de salchicha molida desmenuzada
- 2 tazas de mezcla Bisquick
- 1 cebolla picada
- 3 dientes de ajo picados
- ¾ cucharadita de condimento italiano
- 2 tazas de queso mozzarella rallado
- 1 ½ tazas de salsa para pizza, cantidad dividida
- ¼ taza de queso parmesano

Direcciones:

a) Precaliente el horno a 400 grados Fahrenheit.

b) Prepare una bandeja para hornear rociándola con aceite en aerosol antiadherente.

c) Mezcle la salchicha, la mezcla Bisquick, la cebolla, el ajo, el condimento italiano, el queso mozzarella y 12 tazas de salsa para pizza en un tazón.

d) Después de eso, agregue suficiente agua para que sea viable.

e) Enrolle la masa en bolas de 1 pulgada.

f) Rocíe el queso parmesano sobre las bolas de pizza.

g) Después de eso, coloca las bolas en la bandeja para hornear que has preparado.

h) Precaliente el horno a 350°F y hornee por 20 minutos.

i) Sirva con la salsa de pizza restante a un lado para mojar.

8. Bocaditos de pastel de pollo italiano

Porciones: 8 paquetes

Ingrediente

- 1 lata Crescent Rolls (8 rollos)
- 1 taza de pollo picado y cocido
- 1 cucharada de salsa de espagueti
- ½ cucharadita de ajo picado
- 1 cucharada de queso mozzarella

Direcciones:

a) Precaliente el horno a 350 grados Fahrenheit. Combine el pollo, la salsa y el ajo en una sartén y cocine hasta que se caliente.

b) Triángulos hechos de rollos de media luna separados. Distribuya la mezcla de pollo en el centro de cada triángulo.

c) Si lo desea, distribuya el queso de manera similar.

d) Pellizque los lados del rollo y envuélvalos alrededor del pollo.

e) En una piedra para hornear, hornee por 15 minutos, o hasta que estén doradas.

9. bolas de arancini

hace 18

Ingredientes

- 2 cucharadas de aceite de oliva
- 15 g de mantequilla sin sal
- 1 cebolla, finamente picada
- 1 diente de ajo grande, machacado
- 350 g de arroz para risotto
- 150 ml de vino blanco seco
- 1,2 l de caldo de pollo o verduras caliente
- 150 g de parmesano, finamente rallado
- 1 limón, finamente rallado
- 150 g de mozzarella en bolas, picada en 18 trozos pequeños
- aceite vegetal, para freír

para el revestimiento

- 150 g de harina común
- 3 huevos grandes, ligeramente batidos
- 150 g de pan rallado fino y seco

Direcciones:

a) En una cacerola, caliente el aceite y la mantequilla hasta que esté espumoso. Agregue la cebolla y una pizca de sal y cocine por 15 minutos, o hasta que esté suave y transparente, a fuego lento.

b) Cocine por otro minuto después de agregar el ajo.

c) Agregue el arroz y cocine a fuego lento durante otro minuto antes de agregar el vino. Llevar el líquido a ebullición y cocinar hasta que se haya reducido a la mitad.

d) Vierta la mitad del caldo y continúe mezclando hasta que se haya absorbido la mayor parte del líquido.

e) A medida que el arroz absorba el líquido, agregue el caldo restante, un cucharón a la vez, revolviendo constantemente, hasta que el arroz esté bien cocido.

f) Agregue el queso parmesano y la ralladura de limón y sazone con sal y pimienta al gusto. Coloque el risotto en una bandeja con tapa y déjelo enfriar a temperatura ambiente.

g) Divida el risotto frío en 18 partes iguales, cada una del tamaño de una pelota de golf.

h) En la palma de la mano, aplane una bola de risotto y coloque un trozo de mozzarella en el centro, luego envuelva el queso en el arroz y forme una bola.

i) Continúe con las bolas de risotto restantes de la misma manera.

j) En tres platos poco profundos, combine la harina, los huevos y el pan rallado. Cada bola de risotto se debe enharinar primero, luego sumergirla en huevos y finalmente en pan rallado. Colocar en un plato y reservar.

k) Llena una cacerola grande de fondo grueso hasta la mitad con aceite vegetal y caliéntala a fuego medio-bajo hasta que el termómetro de cocina marque 170 °C o hasta que un trozo de pan se dore en 45 segundos.

l) En lotes, sumerja las bolas de risotto en el aceite y fríalas durante 8-10 minutos, o hasta que estén doradas y derretidas en el centro.

m) Colocar en una bandeja forrada con un paño de cocina limpio y reservar.

n) Sirva los arancini tibios o con una simple salsa de tomate para mojarlos.

10.   nachos italianos

Porciones: 1

Ingredientes

Salsa Alfredo

- 1 taza mitad y mitad
- 1 taza de crema espesa
- 2 cucharadas de mantequilla sin sal
- 2 Dientes de ajo picados
- 1/2 taza de parmesano
- Sal y pimienta
- 2 cucharadas de harina

nachos

- Envolturas de wonton cortadas en triángulos
- 1 Pollo cocido y deshebrado
- Pimientos Salteados
- Queso mozzarella
- Aceitunas
- perejil picado
- Queso parmesano
- Aceite para freír maní o canola

Direcciones:

a) Agregue la mantequilla sin sal a una cacerola y derrita a fuego medio.

b) Agregue el ajo hasta que toda la mantequilla se haya derretido.

c) Agregue la harina rápidamente y bata constantemente hasta que se aglomere y se dore.

d) En un tazón, combine la crema espesa y la mitad y mitad.

e) Llevar a ebullición, luego reducir a fuego lento y cocinar durante 8-10 minutos, o hasta que espese.

f) Condimentar con sal y pimienta.

g) Wontons: Caliente el aceite en una sartén grande a fuego medio alto, aproximadamente 1/3 de su altura.

h) Agregue los wonton uno a la vez y caliente hasta que estén apenas dorados en el fondo, luego voltee y cocine por el otro lado.

i) Coloque una toalla de papel sobre el desagüe.

j) Precaliente el horno a 350 °F y cubra una bandeja para hornear con papel pergamino, seguido de los wontons.

k) Agregue la salsa Alfredo, el pollo, los pimientos y el queso mozzarella encima.

l) Coloque debajo de la parrilla en su horno durante 5-8 minutos, o hasta que el queso esté completamente derretido.

11. Rollitos de pepperoni italianos

Raciones 35

Ingredientes

- 5 tortillas de harina de 10 "(espinacas, tomates secados al sol o harina blanca)
- 16 onzas de queso crema ablandado
- 2 cucharaditas de ajo picado
- 1/2 taza de crema agria
- 1/2 taza de queso parmesano
- 1/2 taza de queso italiano rallado o queso mozzarella
- 2 cucharaditas de condimento italiano
- Rodajas de pepperoni de 16 onzas
- 3/4 taza de pimientos amarillos y naranjas finamente picados
- 1/2 taza de champiñones frescos finamente picados

Direcciones:

a) En un recipiente para mezclar, bata el queso crema hasta que quede suave. Combine el ajo, la crema agria, los quesos y el condimento italiano en un tazón. Mezclar hasta que todo esté bien mezclado.

b) Extienda la mezcla uniformemente entre las 5 tortillas de harina. Cubre toda la tortilla con la mezcla de queso.

c) Coloque una capa de pepperoni encima de la mezcla de queso.

d) Superponga el pepperoni con los pimientos y los champiñones cortados en rodajas gruesas.

e) Enrolle bien cada tortilla y envuélvala en una envoltura de plástico.

f) Dejar reposar por lo menos 2 horas en el refrigerador.

12. Galette de queso con salami

5 porciones

Ingredientes:

- 130 g de mantequilla
- 300 g de harina
- 1 cucharadita de sal
- 1 huevo
- 80 ml de leche
- 1/2 cucharadita de vinagre

Relleno:

- 1 tomate
- 1 pimiento dulce
- calabacín
- salami
- queso Mozzarella
- 1 cucharada de aceite de oliva
- hierbas (como tomillo, albahaca, espinaca)

Direcciones:

a) Cubra la mantequilla.

b) En un tazón o sartén, combine el aceite, la harina y la sal y pique con un cuchillo.

c) Agregue un huevo, un poco de vinagre y un poco de leche.

d) Comience a amasar la masa. Refrigere durante media hora después de enrollarlo en una bola y envolverlo en una envoltura de plástico.

e) Cortar todos los ingredientes del relleno.

f) Coloque el relleno en el centro de un gran círculo de masa que se ha extendido sobre papel de hornear (excepto Mozzarella).

g) Rocíe con aceite de oliva y sazone con sal y pimienta.

h) Luego levante con cuidado los bordes de la masa, envuélvalos alrededor de las secciones superpuestas y presione ligeramente hacia adentro.

i) Precalentar el horno a 200°C y hornear por 35 minutos. Agregue la mozzarella diez minutos antes de que finalice el tiempo de horneado y continúe horneando.

j) ¡Servir inmediatamente!

13.   Buñuelos de mozzarella y espaguetis

Ingrediente

- 2 dientes de ajo
- 1 manojo de perejil fresco
- 3 cebollas de ensalada; en rodajas finas
- 225 gramos de carne magra de cerdo picada
- 2 cucharadas de parmesano recién rallado
- 1 cucharada de aceite de oliva
- 150 gramos de espaguetis o tagliatelle
- 100 mililitros de caldo de res caliente
- 400 gramos lata de tomates troceados
- 1 pizca de azúcar y 1 pizca de salsa de soja
- Sal y pimienta
- 1 huevo
- 1 cucharada de aceite de oliva
- 75 mililitros de leche
- 50 gramos de harina normal
- 150 gramos de mozzarella ahumada
- Aceite de girasol; para freír

- 1 limón

Direcciones:

a) Machacar el ajo y picar finamente el perejil. Mezcle la carne picada, las cebollas de ensalada, el ajo, el queso parmesano, el perejil y mucha sal y pimienta.

b) Forme ocho bolas firmes.

c) Cocine las albóndigas hasta que estén bien doradas. Vierta el caldo.

d) Cuece la pasta en una cacerola grande con agua hirviendo con sal.

14. Brochetas de tortellini de queso

Rendimiento: 8

Ingredientes

- 1 paquete (12 oz.) de tortellini de queso
- 1 taza de tomates cherry
- 1 taza de bolas de mozzarella fresca
- 1/4 de libra de salami, en rodajas finas
- 1/4 taza de hojas de albahaca fresca
- Una pizca de glaseado balsámico
- 8 brochetas de madera

Direcciones:

a) Ponga a hervir una cacerola grande con agua, luego cocine los tortellini de acuerdo con las instrucciones del paquete.

b) Coloque los tortellini cocidos en un colador y cubra con agua fría hasta que alcance la temperatura ambiente.

c) Perfore cada artículo en el pincho y deslícelo hacia abajo hasta el fondo del pincho. Justo antes de servir, coloque las brochetas en un plato y rocíe con el glaseado balsámico.

15. Pan plano de albóndigas al estilo toscano

Rendimiento: 4

Ingredientes

- 1 paquete (16 oz.) de albóndigas de ternera
- 4 cortezas de pan plano artesanal
- 4 dientes de ajo, picados
- 1 taza de cebolla roja en rodajas finas
- 2 tazas de salsa marinara
- 1 cucharada de aceite de oliva
- 1 cucharadita de condimento italiano seco
- 10 onzas. troncos de mozzarella fresca, en rodajas
- 4 onzas. queso ricota de leche entera
- 4 cucharadas de albahaca fresca en rodajas finas

Direcciones:

a) Precaliente el horno a 425 grados Fahrenheit.

b) Cocine las albóndigas de acuerdo con las instrucciones del paquete y luego déjelas a un lado.

c) Caliente el aceite de oliva en una sartén grande a fuego medio, luego agregue la cebolla roja y el ajo y cocine, revolviendo ocasionalmente, durante 4-5 minutos, hasta que estén transparentes y fragantes.

d) Prepare el pan plano en una bandeja para hornear forrada con papel pergamino.

e) Extienda uniformemente 1/2 taza de salsa marinara en cada masa de pan plano, luego sazone con especias italianas secas.

f) Coloque 5-6 rebanadas de mozzarella en cada pan plano.

g) Corte las albóndigas cocidas en rodajas y distribúyalas por igual en cada pan plano. Divide la cebolla roja y el ajo entre las albóndigas.

h) Hornea los panes planos durante 8 minutos. Retire los panes planos del horno y extienda 4 cucharadas de queso ricotta en cada uno, luego regrese al horno por otros 2 minutos para calentar la ricotta.

i) Retire el pan plano del horno, cubra con albahaca fresca y deje reposar durante 2 minutos para que se enfríe.

j) Cortar y servir de inmediato.

16. Deslizadores de albóndigas con tostadas de ajo

Rendimiento: 8

Ingredientes
- 1 paquete (26 oz.) de albóndigas italianas
- 1 bote de salsa marinara
- 1 paquete de tostadas de Texas congeladas
- 1 paquete de queso mozzarella en rodajas
- 8 hojas de albahaca fresca - picadas

Direcciones:
a) Precaliente el horno a 400 grados Fahrenheit.

b) Hornee las tostadas de Texas durante 4 minutos en una bandeja para hornear.

c) Retira la tostada a medio hornear del horno y unta 2 cucharadas de salsa marinara en cada rebanada, seguida de 6 albóndigas y una rebanada de queso mozzarella. Mantener en su lugar con un pincho.

d) Hornee por otros 6 minutos.

e) Corta cada rebanada por la mitad y espolvorea con hojas de albahaca.

f) Sirva de inmediato.

17.   Tazas de pizza de seitán

Hace 2

Ingredientes

- 1 onza. queso crema con toda la grasa
- 1 1/2 tazas de queso mozzarella de leche entera
- 1 huevo grande, batido
- 1 taza de harina de almendras
- 2 cucharadas de harina de coco
- 1/3 taza de salsa para pizza
- 1/3 taza de queso cheddar rallado
- 1/2 paquete de seitán o aproximadamente 4 oz., cortado en cubitos

Direcciones

a) Precaliente el horno a 400°F.

b) Combine el queso crema y la mozzarella en un recipiente grande apto para microondas y cocine en el microondas durante 1 minuto, revolviendo varias veces.

c) Agregue el huevo batido y ambas harinas, y revuelva rápidamente hasta que se forme una bola. Amasar a mano hasta que esté ligeramente pegajoso.

d) Divide la masa en 8 piezas. Coloque una pieza entre dos hojas de papel pergamino engrasado y extiéndala con un rodillo.

e) Presione cada pieza de masa en moldes para muffins engrasados para formar pequeños vasos de masa.

f) Hornea por 15 minutos o hasta que estén doradas.

g) Retire del horno y espolvoree cada uno con salsa para pizza, queso cheddar y seitán. Regrese al horno por cinco minutos hasta que el queso se derrita.

h) Retirar de los moldes para muffins y servir.

18.   Buñuelos crujientes de gambas

Para 6

Ingredientes:

- ½ libra de camarones pequeños, pelados
- 1½ tazas de harina de garbanzo o normal
- 1 cucharada de perejil de hoja plana fresco picado
- 3 cebolletas, la parte blanca y un poco de las hojas verdes tiernas, finamente picadas
- ½ cucharadita de paprika dulce/pimentón
- Sal
- Aceite de oliva para freír

Direcciones:

a) Cuece los camarones en una cacerola con suficiente agua para cubrirlos y lleva a ebullición a fuego alto.

b) En un tazón o procesador de alimentos, combine la harina, el perejil, las cebolletas y el pimentón para producir la masa. Añadir el agua de cocción enfriada y una pizca de sal.

c) Mezcle o procese hasta que tenga una textura un poco más espesa que la masa para panqueques. Refrigere durante 1 hora después de cubrir.

d) Saca los camarones de la nevera y pícalos finamente. El café molido debe ser del tamaño de las piezas.

e) Retire la masa del refrigerador y agregue los camarones.

f) En una sartén pesada, vierta el aceite de oliva a una profundidad de aproximadamente 1 pulgada y caliente a fuego alto hasta que esté prácticamente humeando.

g) Para cada buñuelo, vierta 1 cucharada de masa en el aceite y aplánela con el dorso de una cuchara en un círculo de 3 1/2 pulgadas de diámetro.

h) Freír durante aproximadamente 1 minuto por cada lado, girando una vez, o hasta que los buñuelos estén dorados y crujientes.

i) Retire los buñuelos con una espumadera y colóquelos en una fuente para horno.

j) Sirva de inmediato.

19.   tomates rellenos

Ingredientes:

- 8 tomates pequeños, o 3 grandes
- 4 huevos duros, enfriados y pelados
- 6 cucharadas de alioli o mayonesa
- Sal y pimienta
- 1 cucharada de perejil picado
- 1 cucharada de pan rallado blanco, si usa tomates grandes

Direcciones:

a) Sumerja los tomates en un recipiente con agua helada o extremadamente fría después de quitarles la piel en una olla con agua hirviendo durante 10 segundos.

b) Corta la parte superior de los tomates. Con una cucharadita o un cuchillo pequeño y afilado, raspe las semillas y el interior.

c) Triture los huevos con el alioli (o mayonesa, si se usa), sal, pimienta y perejil en un tazón para mezclar.

d) Rellene los tomates con el relleno, presionándolos firmemente. Vuelva a colocar las tapas en un ángulo alegre en los pequeños tomates.

e) Rellene los tomates hasta arriba, presionando firmemente hasta que estén nivelados. Refrigere durante 1 hora antes de cortar en anillos con un cuchillo de trinchar afilado.

f) Decorar con perejil.

20.   Buñuelos de bacalao con alioli

Para 6

Ingredientes:

- 1 libra de bacalao salado, empapado
- 3 1/2 onzas pan rallado blanco seco
- 1/4 libra de papas harinosas
- Aceite de oliva, para freír poco profundo
- 1/4 tazas de leche
- Rodajas de limón y hojas de ensalada, para servir
- 6 cebolletas finamente picadas
- alioli

Direcciones:

a) En una cacerola con agua hirviendo ligeramente salada, cocine las papas, sin pelar, durante unos 20 minutos o hasta que estén tiernas. Drenar.

b) Pele las papas tan pronto como estén lo suficientemente frías para manipularlas, luego macháquelas con un tenedor o un machacador de papas.

c) En una cacerola, combine la leche, la mitad de las cebolletas y cocine a fuego lento. Añadir el bacalao en remojo y pochar durante 10-15 minutos, o hasta que se desmenuce fácilmente. Retirar el bacalao de la sartén y desmenuzarlo en un bol con un tenedor, quitando las espinas y la piel.

d) Mezcle 4 cucharadas de puré de patata con el bacalao y combine con una cuchara de madera.

e) Trabaje en el aceite de oliva, luego agregue el puré de patata restante gradualmente. Combine las cebolletas y el perejil restantes en un tazón para mezclar.

f) Al gusto, sazone con jugo de limón y pimienta.

g) En un recipiente aparte, bata un huevo hasta que esté bien mezclado, luego enfríe hasta que esté sólido.

h) Enrolle la mezcla de pescado enfriado en 12-18 bolas, luego aplánelas suavemente en pequeños pasteles redondos.

i) Cada uno debe ser enharinado primero, luego sumergido en el huevo batido restante y terminado con pan rallado seco.

j) Refrigere hasta que esté listo para freír.

k) En una sartén grande y pesada, caliente aproximadamente 3/4 de pulgada de aceite. Cocine los buñuelos durante unos 4 minutos a fuego medio-alto.

l) Darles la vuelta y cocinar por otros 4 minutos, o hasta que estén crujientes y doradas por el otro lado.

m) Escurra sobre toallas de papel antes de servir con alioli, rodajas de limón y hojas de ensalada.

21.   croquetas de gambas

Hace alrededor de 36 unidades

Ingredientes:

- 3 1/2 onzas manteca
- 4 onzas. harina normal
- 1 1/4 pintas de leche fría
- Sal y pimienta
- 14 onzas gambas peladas cocidas, cortadas en cubitos
- 2 cucharaditas de puré de tomate
- 5 o 6 cucharadas de pan rallado fino
- 2 huevos grandes, batidos
- Aceite de oliva para freír

Direcciones:

a) En una cacerola mediana, derrita la mantequilla y agregue la harina, revolviendo constantemente.

b) Rocíe lentamente la leche fría, revolviendo constantemente, hasta que tenga una salsa espesa y suave.

c) Agregue las gambas, sazone generosamente con sal y pimienta, luego mezcle la pasta de tomate. Cocine por otros 7 a 8 minutos.

d) Tome una cucharada pequeña de los ingredientes y enróllela en croquetas cilíndricas de 1 1/2 - 2 pulgadas.

e) Pasar las croquetas por pan rallado, luego por huevo batido y por último por pan rallado.

f) En una sartén grande de fondo grueso, caliente el aceite para freír hasta que alcance los 350°F o un cubo de pan se dore en 20-30 segundos.

g) Freír durante unos 5 minutos en tandas de no más de 3 o 4 hasta que estén doradas.

h) Con una cuchara ranurada, retire el pollo, escúrralo sobre papel de cocina y sirva de inmediato.

22.   Patatas crujientes especiadas

Para 4 personas

Ingredientes:

- 3 cucharadas de aceite de oliva
- 4 papas Russet, peladas y en cubos
- 2 cucharadas de cebolla picada
- 2 dientes de ajo, picados
- Sal y pimienta negra recién molida
- 1 1/2 cucharadas de pimentón español
- 1/4 cucharadita de Salsa Tabasco
- 1/4 cucharadita de tomillo molido
- 1/2 taza de salsa de tomate
- 1/2 taza de mayonesa
- Perejil picado, para decorar
- 1 taza de aceite de oliva, para freír

Direcciones:

La salsa brava:

a) Caliente 3 cucharadas de aceite de oliva en una cacerola a fuego medio. Sofreír la cebolla y el ajo hasta que la cebolla se ablande.

b) Retire la sartén del fuego y agregue el pimentón, la salsa Tabasco y el tomillo.

c) En un tazón, combine el ketchup y la mayonesa.

d) Al gusto, sazone con sal y pimienta. Eliminar de la ecuación.

Las papas:

e) Sazone ligeramente las papas con sal y pimienta negra.

f) Freír las papas en 1 taza de aceite de oliva en una sartén grande hasta que estén doradas y bien cocidas, revolviendo ocasionalmente.

g) Escurra las papas en toallas de papel, pruébelas y sazone con sal adicional si es necesario.

h) Para mantener las papas crujientes, combínelas con la salsa justo antes de servir.

i) Servir caliente, adornado con perejil picado.

23.   gambas de camarones

Para 6

Ingredientes:

- 1/2 taza de aceite de oliva
- Jugo de 1 limón
- 2 cucharaditas de sal marina
- 24 camarones medianos-grandes, en el caparazón con la cabeza intacta

Direcciones:

a) En un tazón, combine el aceite de oliva, el jugo de limón y la sal y mezcle hasta que estén bien combinados. Para cubrir ligeramente los camarones, sumérjalos en la mezcla durante unos segundos.

b) En una sartén seca, caliente el aceite a fuego alto. Trabajando en lotes, agregue los camarones en una sola capa sin abarrotar la sartén cuando esté muy caliente. 1 minuto de chamuscado

c) Reduzca el fuego a medio y cocine por un minuto adicional. Aumente el fuego a alto y dore los camarones durante otros 2 minutos, o hasta que estén dorados.

d) Mantenga los camarones calientes en un horno bajo en un plato resistente al horno.

e) Cocine los camarones restantes de la misma manera.

24. vinagreta de mejillones

Raciones: Rinde 30 tapas

Ingredientes:

- 2 1/2 docenas de mejillones, lavados y sin barbas Lechuga picada
- 2 cucharadas de cebolla verde picada
- 2 cucharadas de pimiento verde picado
- 2 cucharadas de pimiento rojo picado
- 1 cucharada de perejil picado
- 4 cucharadas de aceite de oliva
- 2 cucharadas de vinagre o jugo de limón
- pizca de salsa de pimiento rojo
- Sal al gusto

Direcciones:

a) Cocine al vapor los mejillones abiertos.

b) Colócalas en una olla grande con agua. Tape y cocine a fuego alto, revolviendo la sartén de vez en cuando, hasta que se abran las conchas. Retire los mejillones del fuego y deseche los que no se abren.

c) Los mejillones también se pueden calentar en el microondas para abrirlos. Mételos en el microondas durante un minuto a máxima potencia en un recipiente apto para microondas, parcialmente tapado.

d) Microondas por otro minuto después de revolver. Retire los mejillones que se hayan abierto y cocine por otro minuto en el microondas. Retire los que están abiertos una vez más.

e) Retire y deseche las cáscaras vacías una vez que estén lo suficientemente frías para manipularlas.

f) En una bandeja para servir, coloque los mejillones sobre una cama de lechuga picada justo antes de servir.

g) Combine la cebolla, los pimientos verdes y rojos, el perejil, el aceite y el vinagre en un plato para mezclar.

h) Sal y salsa de pimiento rojo al gusto. Rellenar las conchas de los mejillones hasta la mitad con la mezcla.

25. pimientos rellenos de arroz

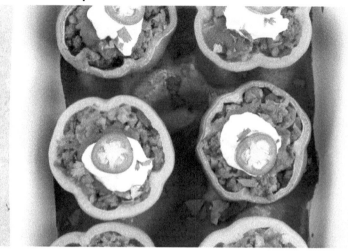

Porciones: 4

Ingredientes:

- 1 libra 2 onzas Arroz español de grano corto, como Bomba o Calasparra
- 2-3 cucharadas de aceite de oliva
- 4 pimientos rojos grandes
- 1 pimiento rojo pequeño, picado
- 1/2 cebolla, picada
- 1/2 tomate, sin piel y picado
- 5 onzas carne de cerdo picada / picada o 3 oz. bacalao salado
- Azafrán
- perejil fresco picado
- Sal

Direcciones:

a) Raspe las membranas internas con una cucharadita después de cortar los extremos del tallo de los pimientos y guardarlos como tapas para volver a insertarlos más tarde.

b) Calentar el aceite y sofreír suavemente el pimiento rojo hasta que esté tierno.

c) Freír la cebolla hasta que esté tierna, luego agregar la carne y dorarla ligeramente, agregar el tomate después de unos minutos, luego agregar el pimiento cocido, el arroz crudo, el azafrán y el perejil. Sazonar con sal al gusto.

d) Rellena con cuidado los pimientos y colócalos de costado en una fuente para horno, con cuidado de no derramar el relleno.

e) Cocine el plato en un horno caliente durante aproximadamente 1 1/2 horas, cubierto.

f) El arroz se cuece en los líquidos de tomate y pimiento.

26.   Calamares con romero y aceite de guindilla

Porciones: 4

Ingredientes:

- Aceite de oliva virgen extra
- 1 manojo de romero fresco
- 2 guindillas rojas enteras, sin semillas y picadas finamente 150ml de nata líquida
- 3 yemas de huevo
- 2 cucharadas de queso parmesano rallado
- 2 cucharadas de harina común
- Sal y pimienta negra molida fresca
- 1 diente de ajo, pelado y triturado
- 1 cucharadita de orégano seco
- Aceite vegetal para freír
- 6 Calamares, limpios y cortados en aros
- Sal

Direcciones:

a) Para hacer el aderezo, caliente el aceite de oliva en una cacerola pequeña y agregue el romero y el chile. Eliminar de la ecuación.

b) En un tazón grande, mezcle la crema, las yemas de huevo, el queso parmesano, la harina, el ajo y el orégano. Mezcle hasta que la masa esté suave. Sazone con pimienta negra, recién molida.

c) Precaliente el aceite a 200 °C para freír o hasta que un cubo de pan se dore en 30 segundos.

d) Sumerja los anillos de calamar, uno a la vez, en la masa y colóquelos con cuidado en el aceite. Cocine hasta que estén doradas, unos 2-3 minutos.

e) Escurrir sobre papel de cocina y servir inmediatamente con el aderezo vertido por encima. Si es necesario, sazone con sal.

27.   Ensalada De Tortellini

Porciones: 8

Ingredientes:

- 1 paquete de tortellini de queso tricolor
- ½ taza de peperoni cortado en cubitos
- ¼ taza de cebolletas rebanadas
- 1 pimiento verde cortado en cubitos
- 1 taza de tomates cherry partidos por la mitad
- 1¼ tazas de aceitunas Kalamata en rodajas
- ¾ taza de corazones de alcachofa marinados picados 6 oz. queso mozzarella cortado en cubitos 1/3 taza de aderezo italiano

Direcciones:

a) Cocine los tortellini de acuerdo con las instrucciones del paquete, luego escúrralos.

b) Mezcle los tortellini con los ingredientes restantes, excluyendo el aderezo, en un tazón grande para mezclar.

c) Rocíe el aderezo encima.

d) Deje reposar durante 2 horas para que se enfríe.

28.   Ensalada de pasta Caprese

Porciones: 8

Ingredientes:

- 2 tazas de pasta penne cocida
- 1 taza de pesto
- 2 tomates picados
- 1 taza de queso mozzarella cortado en cubitos
- Sal y pimienta para probar
- 1/8 cucharaditas de orégano
- 2 cucharaditas de vinagre de vino tinto

Direcciones:

a) Cocine la pasta de acuerdo con las instrucciones del paquete, lo que debería tomar alrededor de 12 minutos. Drenar.

b) En un tazón grande, combine la pasta, el pesto, los tomates y el queso; sazone con sal, pimienta y orégano.

c) Rociar vinagre de vino tinto por encima.

d) Dejar reposar durante 1 hora en el frigorífico.

29. Bruschettas balsámicas

Porciones: 8

Ingredientes:

- 1 taza de tomates Roma sin semillas y cortados en cubitos
- ¼ taza de albahaca picada
- ½ taza de queso pecorino rallado
- 1 diente de ajo picado
- 1 cucharada de vinagre balsámico
- 1 cucharadita de aceite de oliva
- Sal y pimienta al gusto, cuidado, ya que el queso es algo salado por sí solo.
- 1 rebanada de pan francés
- 3 cucharadas de aceite de oliva
- ¼ cucharaditas de ajo en polvo
- ¼ cucharaditas de albahaca

Direcciones:

a) En un plato para mezclar, combine los tomates, la albahaca, el queso pecorino y el ajo.

b) En un tazón pequeño, mezcle el vinagre y 1 cucharada de aceite de oliva; poner a un lado. c) Rocíe las rebanadas de pan con aceite de oliva, ajo en polvo y albahaca.

c) Coloque en una bandeja para hornear y tueste durante 5 minutos a 350 grados.

d) Sacar del horno. Luego agregue la mezcla de tomate y queso encima.

e) Si es necesario, sazone con sal y pimienta.

f) Sirva de inmediato.

MASA

30.   Masa de sémola

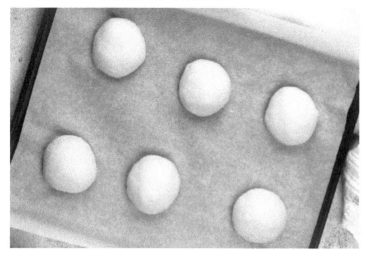

Ingredientes

- 2 1/2 tazas de harina para todo uso, y más para espolvorear
- 1 3/4 tazas de sémola
- 1 1/4 tazas de agua

Direcciones

a) Combine la harina, la sémola y el agua en el tazón de una batidora de pie equipada con el accesorio de paleta y mezcle a baja velocidad hasta que la masa se una.

b) Apague la batidora, retire el accesorio de paleta y reemplácelo con el gancho para masa. Raspe los lados del tazón y bata la masa con el gancho para masa a velocidad media hasta que se forme una bola, aproximadamente 5 minutos. Espolvorea una superficie de trabajo plana con harina.

c) Voltee la masa sobre la superficie espolvoreada y amase suavemente durante 20 a 25 minutos, hasta que la bola comience a sentirse elástica y la superficie de la masa se sienta suave y sedosa.

d) Envuelva la masa en una envoltura de plástico y refrigere para que descanse durante al menos 45 minutos y hasta toda la noche antes de cubrirla.

31. masa seca

Ingredientes

- 1 1/2 tazas de harina para todo uso, y más para espolvorear

- 12 yemas de huevo extragrandes (16 onzas de yemas), batidas en un tazón mediano

Direcciones

a) Coloque la harina en el tazón de una batidora de pie equipada con el accesorio de paleta y comience a hacer funcionar la máquina a baja velocidad. Con la batidora en marcha, agregue las yemas de huevo poco a poco, mezclando hasta que la masa se una. Apague la batidora y espolvoree una superficie de trabajo plana con harina.

b) Voltee la masa sobre la superficie espolvoreada, forme una bola y amase suavemente durante 20 a 25 minutos, hasta que la bola comience a sentirse elástica y la superficie de la masa se sienta suave y sedosa.

c) Envuelva la masa en una envoltura de plástico y refrigere para que descanse durante al menos 45 minutos y hasta toda la noche antes de cubrirla.

32. Masa De Pasta Básica

Ingredientes

- 2 1/4 tazas de harina para todo uso, y más para espolvorear
- 3 huevos extra grandes
- 6 yemas de huevo extra grandes

Direcciones

a) Coloque la harina, los huevos y las yemas de huevo en el tazón de una batidora de pie equipada con el accesorio de paleta y mezcle a baja velocidad hasta que la masa se una. Apague la batidora, retire el accesorio de paleta y reemplácelo con el gancho para masa.

b) Raspe los lados del tazón y bata la masa con el gancho para masa a velocidad media hasta que se forme una bola, aproximadamente 5 minutos. Espolvorea una superficie de trabajo plana con harina.

c) Voltee la masa sobre la superficie espolvoreada y amase suavemente durante 20 a 25 minutos, hasta que la bola comience a sentirse elástica y la superficie de la masa se sienta suave y sedosa.

d) Envuelva la masa en una envoltura de plástico y refrigere para que descanse durante al menos 45 minutos y hasta toda la noche antes de cubrirla.

PASTA

33. Escuela de Pasta

Direcciones

a) Para enrollar la masa de pasta, ajuste un calibre de laminadora de pasta al ajuste más grueso.

b) Espolvorea una bandeja para hornear con sémola.

c) Retire la masa de pasta del refrigerador y córtela en cuartos.

d) Espolvoree ligeramente un segmento de la masa con harina y páselo por la laminadora de pasta, espolvoreando la masa con harina nuevamente a medida que pasa por la laminadora, para crear láminas largas. Ajuste la laminadora a la siguiente configuración más delgada y vuelva a pasar la masa. Continúe pasando la masa a través de la laminadora de esta manera hasta que haya pasado por el calibrador.

e) Coloque la masa laminada en la bandeja para hornear preparada y repita, laminando los segmentos restantes de la misma manera y espolvoreando la pasta laminada con sémola para evitar que las láminas se peguen.

f) Use las formas o coloque la bandeja para hornear en el congelador durante varias horas hasta que la pasta esté congelada. Trate de resistir la tentación de congelarlos por más de 2 semanas. El congelador deshidratará la pasta, haciendo que se agriete, se rompa y pierda su textura deliciosa.

g) Descubrimos que congelar la pasta ayuda a mantener su forma cuando se cocina.

h) Asegúrate de hervir suficiente agua para no amontonar la pasta en la olla. Es ideal usar una olla para pasta de 6 cuartos con colador.

i) Sal el agua. Como dicen los italianos, "sal el agua para que sepa a océano". Para lograr la salinidad del agua que usamos en la cocina de Mozza, puede confiar en una fórmula de 1 cucharada por litro de agua. Puede parecer mucha sal, pero quieres que impregne los fideos. Además, la sal es barata y la mayor parte se va por el desagüe.

j) Asimismo, espera a poner la pasta en el agua hasta que todos tus invitados estén listos para comer. Eso significa sentado, con vino. Una vez que la pasta está fuera del agua, todo va muy rápido. Y lo último que desea es que su pasta se enfríe mientras aún se está poniendo la mesa.

k) Revuelve la pasta cuando la agregues al agua para que no se pegue. Luego déjalo solo mientras se cocina para evitar que se deshaga. Esto es especialmente importante con la pasta fresca.

l) Cocine la pasta al dente. Al dente se traduce literalmente como "al diente". En referencia a la pasta, se refiere a la pasta que puedes sentir debajo de los dientes cuando la muerdes, a diferencia de la pasta que es tan blanda que para comerla no necesitas dientes en absoluto.

m) Escurra la pasta rápidamente, dejando un poco de agua todavía goteando de la pasta, luego agréguela rápidamente a la sartén con la salsa. No querrás dejar que la pasta se asiente en un colador en el fregadero y nunca la enjuagues.

n) Cuando cocinamos la pasta con la salsa, a menudo agregamos agua, un paso simple que puede marcar la diferencia entre una salsa pegajosa y poco atractiva y una que se ve brillante y deliciosa. Usamos el agua en la que se cocinó la pasta, que tiene el beneficio adicional de tener el sabor de los fideos y la sal. Usamos agua corriente para los platos de orecchiette y gnudi, porque el agua de la pasta los haría demasiado salados.

o) Te damos las cantidades exactas de salsa para aderezar cada plato de pasta. La idea es tener suficiente salsa para cubrir bien la pasta y que no quede seca, pero no tanta como para que la salsa se derrame en el plato.

p) Todos nuestros ragúes alcanzan para aproximadamente dieciséis porciones de primer plato. Se congelan bien y, como el ragú tarda varias horas en cocinarse, parece una tontería hacer menos.

q) Si quieres hacer alguno de los platos de pasta en cantidades mayores a las que te damos, revuelve la pasta con la salsa en tandas no mayores a las que te damos.

34. Ziti con Salchicha

Porciones: 8

Ingredientes:

- 1 libra de salchicha italiana desmenuzada
- 1 taza de champiñones rebanados
- ½ taza de apio picado
- 1 cebolla picada
- 3 dientes de ajo picados
- 42 onzas salsa de espagueti comprada en la tienda o casera
- Sal y pimienta para probar
- ½ cucharadita de orégano
- ½ cucharadita de albahaca
- 1 libra de pasta ziti cruda
- 1 taza de queso mozzarella rallado
- ½ taza de queso parmesano rallado
- 3 cucharadas de perejil picado

Direcciones:

a) En una sartén, dore la salchicha, los champiñones, la cebolla y el apio durante 5 minutos.

b) Después de eso, agregue el ajo. Cocine por otros 3 minutos. Eliminar de la ecuación.

c) Agregue la salsa de espagueti, la sal, la pimienta, el orégano y la albahaca en una sartén aparte.

d) Cocine a fuego lento la salsa durante 15 minutos.

e) Prepare la pasta en una sartén de acuerdo con las instrucciones del paquete mientras se cocina la salsa. Drenar.

f) Precaliente el horno a 350 grados Fahrenheit.

g) En una fuente para horno, ponga el ziti, la mezcla de salchichas y la mozzarella rallada en dos capas.

h) Espolvorea perejil y queso parmesano por encima.

i) Precaliente el horno a 350°F y hornee por 25 minutos.

35.   lasaña picante

Porciones: 4

Ingredientes:
- 1 ½ libra de salchicha italiana picante desmenuzada
- 5 tazas de salsa de espagueti comprada en la tienda
- 1 taza de salsa de tomate
- 1 cucharadita de condimento italiano
- ½ taza de vino tinto
- 1 cucharada de azúcar
- 1 cucharada de aceite
- 5 guantes de ajo picados
- 1 cebolla picada
- 1 taza de queso mozzarella rallado
- 1 taza de queso provolone rallado
- 2 tazas de queso ricota
- 1 taza de requesón
- 2 huevos grandes
- ¼ taza de leche
- 9 fideos de lasaña de fideos – sancochados
- ¼ taza de queso parmesano rallado

Direcciones:

a) Precaliente el horno a 375 grados Fahrenheit.

b) En una sartén, dore la salchicha desmenuzada durante 5 minutos. Cualquier grasa debe desecharse.

c) En una olla grande, combine la salsa para pasta, la salsa de tomate, el condimento italiano, el vino tinto y el azúcar y mezcle bien.

d) En una sartén, calentar el aceite de oliva. Luego, durante 5 minutos, sofreír el ajo y la cebolla.

e) Incorpora la salchicha, el ajo y la cebolla a la salsa.

f) Después de eso, tapa la cacerola y deja que hierva a fuego lento durante 45 minutos.

g) En un plato para mezclar, combine los quesos mozzarella y provolone.

h) En un recipiente aparte, combine la ricota, el requesón, los huevos y la leche.

i) En una fuente para hornear de 9 x 13, vierta 12 tazas de salsa en el fondo de la fuente.

j) Ahora coloque los fideos, la salsa, la ricotta y la mozzarella en la fuente para hornear en tres capas.

k) Unta queso parmesano por encima.

l) Hornear en un plato tapado durante 30 minutos.

m) Hornee por otros 15 minutos después de destapar el plato.

36. **Mezzaluna de berenjena y tomate confitado**

PARA 4-6 RACIONES

Ingredientes
- Aceite de oliva
- 2 berenjenas, peladas y cortadas en cubitos
- 3 dientes de ajo, picados
- 1 cebolla, picada
- Sal kosher
- Pimienta negra recién molida
- $\frac{1}{4}$ de taza (45 g) de queso parmesano reggiano
- 1 taza (130 g) de mozzarella rallada
- 4 tomates ciruela
- Aceite de oliva
- 3 ramitas de romero
- 3 ramitas de tomillo
- 1 diente de ajo, en rodajas finas
- $\frac{1}{2}$ cucharaditas de azúcar
- Sal kosher
- Pimienta negra recién molida

- Masa de ravioles
- 2 tazas (50 g) de albahaca
- ½ taza (90 g) de Parmigiano-Reggiano rallado
- 2 dientes de ajo
- ¼ de taza (32 g) de nueces pignoli
- Sal kosher
- Pimienta negra recién molida
- ⅔ taza (160 ml) de aceite de oliva

Direcciones

a) Precaliente el horno a 325°F (163°C).

b) En una sartén grande, a fuego medio-alto, agregue un chorrito de aceite de oliva, berenjena, ajo, cebolla, sal y pimienta negra recién molida. Cocine hasta que la berenjena esté blanda, unos 8 minutos. Retire del fuego y deje que se enfríe. En un bol mezclar la berenjena cocida, el Parmigiano-Reggiano y la mozzarella.

c) Para hacer el tomate confitado, corta los tomates por la mitad a lo largo y sácales las semillas. En una sartén, rocíe un poco de aceite de oliva y coloque los tomates con el lado cortado hacia abajo junto con el romero, el tomillo y el ajo. Sazone con azúcar, sal y pimienta negra recién molida. Hornee hasta que estén arrugados y de color rojo oscuro, unos 45 minutos.

d) Espolvorea dos sartenes con harina de sémola. Para hacer la pasta, extienda la masa hasta que la hoja quede translúcida.

e) Corta las hojas enrolladas en secciones de 30 cm (12 pulgadas) y cubre el resto con una envoltura de plástico. Coloque las hojas sobre una superficie de trabajo seca y, con un cortador redondo de 7,5 cm (3 pulgadas), corte círculos en la hoja.

f) Usando una manga pastelera o una cuchara, coloque el relleno en el medio del círculo de pasta, dejando aproximadamente ¼ de pulgada (6 mm) alrededor de los lados. Para sellar, dobla el círculo para crear una forma de media luna y usa un tenedor para presionar a lo largo de los bordes para sellar.

g) Use un chorrito de agua para ayudar a sellarlo si es necesario. Coloque con cuidado la mezzaluna en las bandejas para hornear espolvoreadas con sémola, separadas.

h) Para hacer el pesto, en un procesador de alimentos, agregue albahaca, Parmigiano-Reggiano rallado, ajo, piñones, sal kosher y pimienta negra recién molida. Vierta lentamente el aceite de oliva y procese hasta que se haga puré.

i) Pon a hervir una olla grande de agua con sal. Coloque con cuidado la pasta en el agua hirviendo y cocine hasta que esté al dente, aproximadamente de 2 a 3 minutos.

j) En una sartén a fuego lento, añadimos un chorrito de aceite de oliva y el tomate confitado. Agregue la pasta a la sartén y sacúdala suavemente para mezclarla con los tomates.

37. lasaña de ratatouille

RACIONES 8-10

Ingredientes
- masa de huevo
- Aceite de oliva virgen extra
- 3 dientes de ajo, picados
- 1 taza (237 ml) de vino tinto
- 2 latas (28 oz [794 g]) trituradas
- Tomates
- 1 manojo de albahaca
- Sal kosher
- Pimienta negra recién molida
- Aceite de oliva
- 1 berenjena, pelada y cortada en cubitos pequeños
- 1 calabacín verde, cortado en cubitos pequeños
- 1 calabaza de verano, cortada en cubitos pequeños
- 2 tomates, cortados en cubitos pequeños
- 4 dientes de ajo, en rodajas
- 1 cebolla roja, en rodajas finas

- Sal kosher

- Pimienta negra recién molida

- 3 tazas (390 g) de queso mozzarella rallado

Direcciones

n) Precaliente el horno a 350 °F (177 °C) y hierva una olla grande de agua con sal.

o) Espolvorea dos sartenes con harina de sémola. Para hacer la pasta, extienda la masa hasta que la lámina tenga un grosor de aproximadamente 1/16 de pulgada (1,6 mm).

p) Corte las hojas enrolladas en secciones de 30 cm (12 pulgadas) y colóquelas en bandejas hasta que tenga unas 20 hojas. Trabajando en lotes, coloque las hojas en el agua hirviendo y cocine hasta que estén flexibles, aproximadamente 1 minuto. Coloque sobre toallas de papel y seque.

q) Para hacer la salsa, en una olla a fuego medio, agregue el aceite de oliva virgen extra, el ajo y saltee durante aproximadamente un minuto o hasta que esté transparente. Añadir el vino tinto y dejar reducir a la mitad. Luego agregue los tomates triturados, la albahaca y la sal y la pimienta. Deja que hierva a fuego lento durante unos 30 minutos.

r) Para hacer el relleno, en una sartén grande a fuego alto, agregue un chorrito de aceite de oliva, berenjena, calabacín, calabaza, tomate, ajo y cebolla morada. Sazone con sal y pimienta negra recién molida.

s) Para armar, coloque la salsa en el fondo de una fuente para hornear de 9 × 13 pulgadas (22,9 × 33 cm). Coloque las láminas de pasta hacia abajo, superponiéndolas ligeramente, cubriendo el fondo del plato. Agregue el ratatouille de manera uniforme sobre las láminas de pasta y espolvoree mozzarella por encima. Agregue la siguiente capa de hojas de pasta en las direcciones opuestas y repita estas capas hasta que llegue a la parte superior o se haya usado todo el relleno. Distribuya un poco de salsa uniformemente sobre la hoja superior y espolvoree con un poco más de mozzarella.

t) Coloque la lasaña en el horno y cocine durante aproximadamente 45 minutos a 1 hora. Deje que se enfríe durante unos 10 minutos antes de cortar y servir.

38.   Canelones de berenjena

PARA 6-8 RACIONES

Ingredientes
- masa de huevo
- Aceite de oliva
- 3 dientes de ajo, picados
- 1 taza (237 ml) de vino tinto
- 2 latas (28 oz [794 g]) de tomates triturados
- 1 manojo de albahaca
- Sal kosher
- Pimienta negra recién molida
- Aceite de oliva
- 1 berenjena, pelada y cortada en cubitos pequeños
- 4 dientes de ajo, en rodajas
- 3 ramitas de romero picado
- 4 tazas (908 g) de queso ricotta
- 1 taza (130 g) de mozzarella rallada
- Sal kosher
- Pimienta negra recién molida

Direcciones

a) Precaliente el horno a 350 °F (177 °C) y hierva una olla grande de agua con sal.

b) Espolvorea dos sartenes con harina de sémola. Para hacer la pasta, extienda la masa hasta que la lámina tenga un grosor de aproximadamente 1/16 de pulgada (1,6 mm).

c) Corte las hojas enrolladas en secciones de 15 cm (6 pulgadas) y colóquelas en las bandejas hasta que tenga unas 20 hojas. Trabajando en lotes, coloque las hojas en el agua hirviendo y cocine hasta que estén flexibles, aproximadamente 1 minuto. Coloque sobre toallas de papel y seque.

d) Para hacer el relleno, en una sartén grande a fuego alto, agregue un chorrito de aceite de oliva, berenjena, ajo y romero y cocine hasta que estén suaves, alrededor de 4 a 5 minutos. Dejar enfriar y mezclar en un bol con la ricota y la mozzarella. Sazone con sal y pimienta negra recién molida.

e) Para armar, coloque la salsa en el fondo de una fuente para hornear de 9 × 13 pulgadas (22,9 × 33 cm). Con la lámina de pasta a lo largo, coloca unas 3 cucharadas (45 g) de relleno en el borde más cercano a ti. Con cuidado, enrolle la pasta lejos de usted, cubriendo el relleno. Colocar los canelones rellenos en una sola capa en la fuente de horno. Poner un poco más de salsa encima de los canelones y espolvorear con mozzarella rallada.

f) Introduce los canelones en el horno y cocina durante unos 45 minutos.

39. Salsa De Pasta De Alcachofa Y Espinacas

Porciones: 8

Ingredientes

- 1/2 lata (13.5 onzas) de espinacas picadas
- 1 frasco (16 onzas) de salsa alfredo
- 1 lata (14 onzas) de corazones de alcachofa, escurridos y picados
- 1/2 taza de queso mozzarella rallado
- 1/3 taza de queso parmesano rallado
- 1/4 paquete (8 onzas) de queso crema, ablandado
- 2 dientes de ajo, picados
- 1 tomate Roma, cortado en cubitos
- 1/2 taza de agua

Direcciones

a) Corta las espinacas en dados en un procesador de alimentos.
b) Batir las espinacas, la salsa Alfredo, los corazones de alcachofa, el queso mozzarella, el queso parmesano, el queso crema, el ajo y el tomate en una olla.

40. Rigatoni y albóndigas al horno

Ingrediente

- 3½ tazas de pasta Rigatoni
- 1⅓ taza de mozzarella, rallada
- 3 cucharadas de queso parmesano, recién rallado
- 1 libra de pavo molido magro

Direcciones:

a) Albóndigas: En un tazón, bata ligeramente el huevo; mezcle la cebolla, las migas, el ajo, el queso parmesano, el orégano, la sal y la pimienta. Mezclar en pavo.

b) Forme bolas con una cucharada colmada.

c) En una sartén grande, caliente el aceite a fuego medio-alto; cocine las albóndigas, en lotes si es necesario, durante 8-10 minutos o hasta que estén doradas por todos lados.

d) Agregue la cebolla, el ajo, los champiñones, el pimiento verde, la albahaca, el azúcar, el orégano, la sal, la pimienta y el agua a la sartén; cocina a fuego medio, revolviendo de vez en cuando, durante unos 10 minutos o hasta que las verduras estén blandas. Agregue los tomates y la pasta de tomate; Hervirlo. Añadir albóndigas

e) Mientras tanto, en una olla grande con agua hirviendo con sal, cocine los rigatoni. Transfiera a una fuente para hornear de 11x7 pulgadas o a una cacerola para horno poco profunda de 8 tazas.

f) Espolvorea mozzarella, luego queso parmesano de manera uniforme sobre la parte superior. Hornear

41. Penne al horno con albóndigas de pavo

Ingrediente

- 1 libra de pavo molido
- 1 diente de ajo grande; picado
- ¾ taza de pan rallado fresco
- ½ taza de cebolla finamente picada
- 3 cucharadas de piñones; tostado
- ½ taza de hojas de perejil fresco picado
- 1 huevo grande; golpeado ligeramente
- 1 cucharadita de sal
- 1 cucharadita de pimienta negra
- 4 cucharadas de aceite de oliva
- 1 libra Penne
- 1½ taza de queso mozzarella rallado grueso
- 1 taza de queso romano recién rallado
- 6 tazas de salsa de tomate
- 1 Contenedor; (15 oz.) de queso ricota

Direcciones:

a) En un tazón, mezcle bien el pavo, el ajo, el pan rallado, la cebolla, los piñones, el perejil, el huevo, la sal y la pimienta y forme albóndigas y cocine.

b) cocinar pasta

c) En un tazón pequeño, mezcle la mozzarella y Romano. Vierta aproximadamente $1\frac{1}{2}$ tazas de salsa de tomate y la mitad de las albóndigas en el plato preparado y vierta la mitad de la pasta encima.

d) Extienda la mitad restante de la salsa y la mitad de la mezcla de queso sobre la pasta. Cubra con las albóndigas restantes y deje caer cucharadas de ricotta sobre las albóndigas. Hornee penne en el medio del horno de 30 a 35 minutos.

e)

ENSALADAS

42.   Ensalada picada de Nancy

Para la ensalada:

- 1 lechuga iceberg de cabeza pequeña
- 1 radicchio de cabeza mediana
- 1 pinta de tomates cherry dulces pequeños, cortados por la mitad
- 1 pinta 1/2 tazas de ceci cocido
- 4 onzas de queso provolone añejo, cortado en tiras
- Salami de génova de 4 onzas, cortado en tiras de 1/4 de pulgada de ancho
- 5 onzas de peperoncini, en rodajas finas (alrededor de 1/4 taza)

Para la vinagreta de orégano:

- 1 lechuga iceberg de cabeza pequeña
- 1 radicchio de cabeza mediana
- 1 pinta de tomates cherry dulces pequeños, cortados por la mitad
- 1 pinta 1/2 tazas de ceci cocido
- 4 onzas de queso provolone añejo, cortado en tiras
- Salami de génova de 4 onzas, cortado en tiras

- 5 onzas de peperoncini, en rodajas finas
- 2 1/2 cucharadas de vinagre de vino tinto
- 2 cucharadas de orégano seco
- 1 cucharada de jugo de limón fresco, y más al gusto
- 2 cucharadas de dientes de ajo, 1 aplastado y 1 rallado o picado
- 1 cucharada 1/2 tazas de aceite de oliva virgen extra

Direcciones:

a) Combine la lechuga, la achicoria, los tomates, el ceci, el provolone, el salami, el peperocini y las rodajas de cebolla en un tazón grande y ancho.

b) Sazone con sal y revuelva para combinar bien los ingredientes.

c) Rocíe 1/2 taza de vinagreta y exprima el jugo de limón sobre la ensalada, luego revuelva suavemente para cubrir la ensalada con el aderezo.

d) Pruebe para sazonar y agregue más sal, jugo de limón o vinagreta si lo desea.

e) Apila la ensalada en un plato grande o divídela en platos individuales, amontonándola como una montaña.

f) Espolvorear el orégano seco por encima y servir.

g) Para hacer la vinagreta de orégano: combine el vinagre, el orégano, el jugo de limón, el ajo machacado, el ajo rallado, la sal y la pimienta en un tazón mediano y mezcle para combinar los ingredientes.

43.   Ensalada caprese de muzza

Ingredientes

Para la ensalada:

- 1 1/2 libras de burrata fresca
- 30 a 40 tomates cherry asados lentamente
- 30 a 40 hojas frescas de albahaca micro o miniatura

Para los tomates cherry asados a fuego lento

- 1 1/2 libras de burrata fresca
- 30 a 40 tomates cherry asados lentamente
- 30 a 40 hojas frescas de albahaca micro o miniatura
- 2 paquetes de 9 onzas de tomates sunsweet en tallos
- 1 cucharada de aceite de oliva virgen extra
- 1 cucharadita de sal kosher

Direcciones:

a) Para preparar la ensalada: corte la burrata en seis segmentos del mismo tamaño y coloque cada segmento, con el lado cortado hacia arriba, en un plato de ensalada.

b) Sazone la burrata con sal marina y vierta 1 cucharadita de pesto sobre cada porción de queso.

c) Use tijeras para cortar los tomates en racimos de uno, dos o tres tomates.

d) Levante con cuidado los tomates por los tallos y coloque suavemente un racimo sobre cada porción de queso, eligiendo los racimos más grandes.

e) Apila otro racimo encima del primero, con el tallo en un ángulo opuesto, y luego apila los racimos restantes encima del primero, creando una pequeña pila de tomates de dos a tres pilas de alto, con alrededor de cinco a siete tomates por porción.

f) Rocíe aproximadamente 1/2 cucharadita de aceite de oliva de calidad final sobre cada ensalada, esparza las hojas de albahaca micro o en miniatura o use tijeras para cortar una hoja grande de albahaca sobre cada ensalada.

g) Para hacer los tomates cherry asados lentamente: ajuste la rejilla del horno a la posición media y precaliente el horno a 300 grados F.

h) Coloque una rejilla de alambre encima de una bandeja para hornear.

i) Saque los tomates de las cajas con cuidado, teniendo cuidado de mantener los tomates pegados a los tallos tanto como sea posible.

j) Unte los tomates con el aceite de oliva y sazone con sal y pimienta.

k) Coloque los tomates en el horno para asarlos hasta que la piel se arrugue pero los tomates aún estén gruesos, alrededor de 1 1/2 horas.

l) Retire los tomates del horno y déjelos enfriar a temperatura ambiente.

m) Use los tomates, o cúbralos con plástico y guárdelos a temperatura ambiente hasta por un día o refrigere hasta por tres días.

n) Lleve los tomates a temperatura ambiente antes de servir.

o) Rinde aproximadamente 1 libra o 36 tomates.

44. Stracciatella con ensalada de apio y hierbas

Ingredientes

- 1 cucharada de piñones tostados
- 1 cucharada de diente de ajo, rallado o picado
- 1 cucharada 3/4 tazas de hojas de apio frescas enteras
- 2 cucharadas de parmigiano-reggiano recién rallado
- 3 costillas de apio, peladas y en rodajas finas con un sesgo extremo
- 2 cebolletas, en rodajas finas
- 2 cucharadas de vinagreta de limón
- 8 onzas de stracciatella o burrata
- pesto de hojas de apio

Direcciones:

a) Para hacer el pesto de hojas de apio: Combine los piñones, el ajo, la sal y la mitad del aceite de oliva en el recipiente de un procesador de alimentos con cuchilla de metal o en el vaso de una licuadora. Agregue el perejil y pulse hasta que esté finamente picado.

b) Añadir las hojas de apio, el Parmigiano-Reggiano y el resto del aceite de oliva y hacer puré, parando en cuanto los ingredientes formen una pasta homogénea, y añadiendo más aceite de oliva si es necesario para obtener un pesto suelto y cuchareable.

c) Para preparar la ensalada: Combine el apio, las cebolletas, las hojas de apio, el perifollo, el estragón, el perejil, la albahaca y las cebolletas en un tazón grande. Sazone con sal y revuelva para combinar. Rocíe la ensalada con la vinagreta y revuelva suavemente para cubrirla con el aderezo.

45. Torta della Nonna

Sirve de 8 a 10

Ingredientes

- 1½ tazas de harina de repostería sin blanquear
- ¾ taza de azúcar glas, y más para espolvorear
- ½ taza (1 barra) de mantequilla fría sin sal, cortada en cubos
- ¼ de cucharadita de levadura italiana
- pizca de sal kosher
- 4 yemas de huevo extra grandes
- ¼ de cucharadita de extracto de vainilla (si no usa levadura italiana)
- Harina todo uso, para espolvorear
- Mantequilla sin sal, para la sartén
- 1 clara de huevo extra grande
- 1?3 taza de piñones tostados
- 10 onzas de queso crema estilo Philadelphia
- 1 taza de queso de cabra fresco de sabor suave
- 5 cucharadas de mantequilla sin sal, a temperatura ambiente

- ¼ taza de queso mascarpone
- ¼ de taza más 1 cucharada de harina de repostería sin blanquear
- 1 cucharadita de sal kosher
- 3 huevos extra grandes
- 1 taza de azúcar
- 1¼ cucharaditas de extracto puro de vainilla
- Panal

Direcciones

a) Para hacer la corteza, combine la harina, el azúcar glas, la mantequilla, la levadura y la sal en el tazón de una batidora de pie equipada con un accesorio de paleta y mezcle a baja velocidad hasta que la mantequilla y los ingredientes secos tengan una consistencia de harina de maíz gruesa, aproximadamente 2 minutos. Agregue las yemas de huevo y la vainilla, si la está usando, y mezcle a velocidad media hasta que la masa esté suave, de 2 a 3 minutos. Espolvorea una superficie de trabajo plana con harina y voltea la masa sobre ella. Amasar la masa durante unos minutos hasta que se forme una bola.

b) Hornee los gajos hasta que estén dorados, aproximadamente 8 minutos, girando la sartén a la mitad del tiempo de cocción para que las galletas se doren uniformemente. Retire la bandeja para hornear del horno y colóquela sobre una rejilla para enfriar hasta que los gajos se enfríen, y espolvoréelos ligeramente con azúcar en polvo.

c) Para hacer el relleno: combine el queso crema, el queso de cabra, la mantequilla y el mascarpone en el tazón de una batidora de pie equipada con un accesorio de paleta y mezcle a baja velocidad hasta que los ingredientes se combinen y la mezcla esté suave y cremosa, raspando el lados del tazón con una espátula de goma de vez en cuando, aproximadamente 2 minutos. Agregue la harina y la sal, mezcle a baja velocidad para incorporar y transfiera a un tazón grande para mezclar.

d) Combine los huevos y el azúcar en el tazón en el que mezcló los quesos. (No es necesario lavar el tazón). Cambie el accesorio de paleta por el accesorio para batir en su batidora y bata los huevos y el azúcar juntos hasta que los huevos estén espesos y esponjosos y el azúcar se disuelve, unos 5 minutos. Agrega la vainilla y bate solo para incorporar. Doble suavemente un tercio de la mezcla de huevo en el queso, usando el lado plano de una espátula para machacar el queso y romper la densidad del queso con el huevo. Agregue otro tercio de la mezcla de huevo, doblándolo suavemente para que los huevos se mantengan livianos y esponjosos. Agregue la mezcla de huevo restante, mezcle hasta que los ingredientes estén combinados pero aún queden grumos visibles de queso en la mezcla.

e) Saque la base de la tarta del refrigerador y vierta el relleno en la base para llenarla a 1/8 de pulgada de la parte superior. (Es posible que no lo use todo, pero no desea llenar demasiado el anillo; deseche el exceso).

f) Coloque la bandeja para hornear con la tarta en el horno para hornear durante unos 40 minutos, girando la bandeja para hornear a la mitad del tiempo de horneado para que se dore uniformemente, hasta que el relleno esté firme y la parte superior esté dorada. Retire la bandeja para hornear del horno y déjela a un lado para que se enfríe un poco.

g) Corta la tarta en la misma cantidad de gajos que cortaste los gajos de galleta. Puedes servir la tarta tibia o reservarla para que se enfríe a temperatura ambiente. (Para recalentar la tarta, coloque la tarta entera o las rebanadas individuales en una bandeja para hornear y póngala en un horno a 350 °F hasta que se caliente por completo; unos 5 minutos para las rebanadas, unos 15 minutos para una tarta entera).

h) Justo antes de servir, coloque los gajos de galleta sobre la tarta con los bordes exteriores de las galletas aproximadamente a 1 pulgada del borde de la tarta. Levanta el anillo de flan de la tarta. Usa un cuchillo grande para cortar entre las galletas, creando rebanadas uniformes usando las galletas como guía. Use una espátula de metal para transferir con cuidado cada gajo a un plato de postre. Coloque 1 cucharadita de panal en un lado de cada cuña. Coloque 1 cucharadita de cada una de las dos mieles en círculos del tamaño de dólares de plata a cada lado de cada cuña.

i) Repartir unos cuantos piñones reservados en el centro de cada charco de miel, pero no en el panal, y servir.

46.   Chuletas De Cerdo Asadas Con Aceitunas

Para 4 personas

Ingredientes

- 3 bulbos de hinojo medianos (alrededor de 1 libra), con hojas
- 2 cebollas españolas amarillas grandes, en rodajas finas (alrededor de 2 tazas)
- 20 dientes de ajo en rodajas finas, aproximadamente ½ taza
- ½ taza de aceitunas Arbequina, Ligurian, Taggiasche o Niçoise
- 1 taza de aceite de oliva virgen extra
- 1 cucharada de sal kosher
- ½ cucharadita de pimienta negra recién molida
- 2 tazas de sambuca
- 1 taza de caldo de pollo
- ½ taza de sal kosher
- 1?3 taza de azúcar
- 4 chuletas de cerdo deshuesadas de 9 a 10 onzas
- 4 cucharaditas de hinojo
- ¼ taza de aceite de oliva virgen extra

- ¼ de taza (4 cucharadas) de aceite de oliva virgen extra de calidad final
- ½ cucharadita de polen de hinojo

Direcciones

a) Para preparar el hinojo, ajuste la rejilla del horno a la posición media y precaliente el horno a 400°F.

b) Combine el hinojo, las cebollas, el ajo y las aceitunas en una fuente para hornear lo suficientemente grande como para que quepan bien las rodajas de hinojo. Rocíe con ¼ de taza de aceite de oliva, espolvoree con sal y pimienta, y revuelva para combinar los ingredientes.

c) Retire las rodajas de hinojo y cree una cama de cebollas, aceitunas y ajo. Coloque las rodajas de hinojo encima de las cebollas, superponiéndolas ligeramente. Vierta la Sambuca y el caldo de pollo alrededor del hinojo y rocíe los ¾ de taza de aceite de oliva restantes sobre el hinojo.

d) Cubra bien el plato con papel de aluminio y colóquelo en el horno para cocinar durante 1 hora. Retire la fuente del horno y retire y deseche el papel aluminio y el plástico, si los usó, con cuidado de no quemarse con el vapor que subirá. Regrese la sartén al horno y cocine hasta que el hinojo esté dorado y glaseado, de 1 hora a 1 hora y 15 minutos. Retire la sartén del horno, dejando el horno encendido para cocinar el cerdo.

e) Para preparar la carne de cerdo, combine la sal, el azúcar y 1 taza de agua en una fuente grande para hornear no reactiva o en una bolsa de plástico grande con cierre hermético para hacer una salmuera. Agrega las chuletas de cerdo y voltea para cubrirlas por todos lados.

f) Cubra el plato con plástico o selle la bolsa y déjelo reposar durante 1 hora. Retire las chuletas de la salmuera, desechando la salmuera. Seque las chuletas de cerdo con toallas de papel y colóquelas en una tabla para cortar. Espolvoree generosamente cada chuleta con 1 cucharadita de aliño y use los lados de las chuletas para secar el aliño que cae sobre su tabla de cortar.

g) Caliente el aceite de oliva en una sartén grande para horno a fuego medio-alto hasta que esté casi humeante y se deslice fácilmente en la sartén, de 2 a 3 minutos. Agregue las chuletas y cocine hasta que estén doradas y caramelizadas por un lado, de 2 a 3 minutos. Voltee las chuletas de cerdo y coloque la sartén en el horno durante 5 minutos, para cocinar el cerdo. Retire del horno y deje reposar las chuletas en la sartén durante 2 minutos antes de servir.

h) Coloque la mezcla de hinojo estofado en el centro de cada uno de los cuatro platos, dividiéndola en partes iguales.

Rocíe una cucharada del líquido para estofar sobre cada porción y coloque una chuleta de cerdo encima. Rocíe 1 cucharada de aceite de oliva de calidad final sobre y alrededor de cada chuleta, espolvoree con una pizca de polen de hinojo, coloque varias hojas de hinojo encima y sirva.

47. Ensalada De Tortellini

Porciones: 8

Ingredientes:
- 1 paquete de tortellini de queso tricolor
- ½ taza de peperoni cortado en cubitos
- ¼ taza de cebolletas rebanadas
- 1 pimiento verde cortado en cubitos
- 1 taza de tomates cherry partidos por la mitad
- 1¼ tazas de aceitunas Kalamata en rodajas
- ¾ taza de corazones de alcachofa marinados picados
- 6 onzas. queso mozzarella cortado en cubitos
- 1/3 taza de aderezo italiano

Direcciones:

e) Cocine los tortellini de acuerdo con las instrucciones del paquete, luego escúrralos.

f) Mezcle los tortellini con los ingredientes restantes, excluyendo el aderezo, en un tazón grande para mezclar.

g) Rocíe el aderezo encima.

h) Deje reposar durante 2 horas para que se enfríe.

48. Ensalada de pasta Caprese

Porciones: 8

Ingredientes:

- 2 tazas de pasta penne cocida
- 1 taza de pesto
- 2 tomates picados
- 1 taza de queso mozzarella cortado en cubitos
- Sal y pimienta para probar
- 1/8 de cucharadita de orégano
- 2 cucharaditas de vinagre de vino tinto

Direcciones:

e) Cocine la pasta de acuerdo con las instrucciones del paquete, lo que debería tomar alrededor de 12 minutos. Drenar.

f) En un tazón grande, combine la pasta, el pesto, los tomates y el queso; sazone con sal, pimienta y orégano.

g) Rociar vinagre de vino tinto por encima.

h) Dejar reposar durante 1 hora en el frigorífico.

PLATO PRINCIPAL

49.   Arroz Español Italiano

Porciones: 6

Ingredientes:

- 1 lata de 28 onzas de tomates italianos cortados en cubitos o triturados
- 3 tazas de cualquier tipo de arroz blanco de grano largo al vapor cocido al paquete
- 3 cucharadas de aceite de canola o vegetal
- 1 pimiento picado y limpio
- 2 dientes de ajo fresco picado
- 1/2 taza de vino tinto o vegetal o caldo
- 2 cucharadas de perejil fresco picado
- 1/2 cucharadita de orégano seco y albahaca seca
- sal, pimienta, cayena al gusto
- Guarnición: mezcla de queso parmesano y romano rallado
- Además, puede agregar las sobras cocidas que no tengan hueso: bistec en cubos, chuletas de cerdo en cubos, pollo en cubos o intente usar albóndigas trituradas o salchichas cocidas italianas en rodajas.
- Verduras opcionales: calabacín en cubos, champiñones en rodajas, zanahorias ralladas, guisantes o cualquier otro tipo de verduras que prefieras.

Direcciones:

a) Agregue aceite de oliva, pimientos y ajo a una sartén grande y cocine por 1 minuto.

b) Agregue los tomates cortados en cubitos o triturados, el vino y los ingredientes restantes a la sartén.

c) Cocine a fuego lento durante 35 minutos, o más si agrega más vegetales.

d) Si lo usa, agregue cualquier carne preparada y caliéntela en la salsa durante aproximadamente 5 minutos antes de incorporar el arroz blanco cocido.

e) Además, si se usa, la carne ya está cocida y solo necesita calentarse en la salsa.

f) Para servir, sirva la salsa en un plato con el arroz mixto y cubra con queso rallado y perejil fresco.

50.   Paella Italiana Twist

Para 4 personas

Ingredientes

- 2 muslos de pollo, con piel, dorados
- 2 muslos de pollo, con piel, dorados
- 3 piezas grandes de salchichas italianas, doradas
- 1 pimiento rojo y amarillo, cortado en tiras y previamente asado
- 1 manojo de brócolini baby, precocidos
- 1½ tazas de arroz, un grano corto como carnaroli o arborio
- 4 tazas de caldo de pollo, calentado
- 1 taza de puré de pimiento rojo asado
- ¼ taza de vino blanco seco
- 1 cebolla mediana, picada grande
- 4 dientes de ajo grandes, afeitados
- queso parmesano o romano rallado
- aceite de oliva

Direcciones:

a) Comience dorando los trozos de pollo en una paellera.

b) Limpie el exceso de aceite de la sartén y luego limpie el exceso de aceite de las salchichas.

c) En una sartén grande, rocíe aceite de oliva, luego agregue el ajo y la cebolla rallados, y saltee hasta que estén suaves y dorados.

d) Agregue el vino y déjelo hervir a fuego lento durante un minuto.

e) Combine todo el arroz con la mitad de su puré de pimiento rojo, o un poco más. Mezcle hasta que esté uniformemente cubierto, luego presione la mezcla de arroz en el fondo de la sartén.

f) Agregue un poco de queso rallado, sal y pimienta al arroz.

g) Coloque los trozos de salchicha, junto con los trozos de pollo, alrededor de la sartén.

h) Arregle las verduras restantes alrededor de la carne de una manera creativa.

i) Sirva las 4 tazas de caldo tibio encima con cuidado.

j) Con una brocha de repostería, cepille puré de pimiento rojo adicional sobre el pollo para obtener más sabor, salpicando un poco más alrededor si lo desea.

k) Cocine a fuego lento, cubierto sin apretar con papel de aluminio, hasta que la humedad se haya evaporado.

l) Precaliente el horno a 375 °F y hornee la fuente tapada durante 15 a 20 minutos para asegurarse de que la carne esté bien cocida.

m) Continúe cocinando en la parte superior de la estufa hasta que el arroz esté tierno.

n) El tiempo total debe ser de alrededor de 45 minutos.

o) Déjalo a un lado durante unos minutos para que se enfríe.

p) Adorne con albahaca fresca y perejil picado.

51.   ensalada de patata española

Para 4 personas

Ingredientes:

- 3 papas medianas (16 onzas)
- 1 zanahoria grande (3 oz.), cortada en cubitos
- 5 cucharadas de guisantes verdes sin cáscara
- 2/3 taza (4 onzas) de judías verdes
- 1/2 cebolla mediana, picada
- 1 pimiento rojo pequeño, picado
- 4 pepinillos de cóctel, en rodajas
- 2 cucharadas de alcaparras baby
- 12 aceitunas rellenas de anchoas
- 1 huevo duro, en rodajas finas
- 2/3 taza de mayonesa
- 1 cucharada de jugo de limón
- 1 cucharadita de mostaza Dijon
- Pimienta negra recién molida, al gusto
- Perejil fresco picado, para decorar

Direcciones:

a) Cocine las papas y las zanahorias en agua ligeramente salada en una cacerola. Llevar a ebullición, luego reducir a fuego lento y cocinar hasta que esté casi tierna.

b) Agregue los guisantes y los frijoles y cocine a fuego lento, revolviendo ocasionalmente, hasta que todas las verduras estén blandas. Escurra las verduras y colóquelas en un plato para servir.

c) En un tazón grande, combine la cebolla, el pimiento, los pepinillos, las alcaparras, las aceitunas rellenas de anchoas y los huevos.

d) Combine la mayonesa, el jugo de limón y la mostaza en un recipiente aparte por completo. Vierta esta mezcla en el plato de servir y revuelva bien para cubrir todos los ingredientes. Mezcle con una pizca de sal y pimienta.

e) Refrigere después de decorar con perejil picado.

f) Para realzar el sabor de la ensalada, déjala reposar a temperatura ambiente durante aproximadamente 1 hora antes de servirla.

52. carbonara española

Ingredientes

- 1 chorizo pequeño cortado en cubitos
- 1 diente de ajo finamente picado
- 1 tomate pequeño cortado en cubitos
- 1 lata de garbanzos
- condimentos secos: sal, hojuelas de chile, orégano, semilla de hinojo, anís
- pimentón (paprika) para los huevos
- aceite de oliva virgen extra
- 2 huevos
- 4-6 onzas pasta
- queso italiano de buena calidad

Direcciones:

a) En una pequeña cantidad de aceite de oliva, saltee el ajo, el tomate y el chorizo por unos minutos, luego agregue los frijoles y los condimentos líquidos y secos. Llevar a ebullición, luego reducir el fuego a bajo hasta que el líquido se haya reducido a la mitad.

b) Mientras tanto, llevar a ebullición el agua de la pasta y preparar los huevos para escurrirlos en la sartén con los garbanzos y al horno precalentado.

c) Agregue la pasta a la olla mientras la sartén está en el horno y el agua está hirviendo. Ambos deben estar listos en el mismo momento.

53. Albóndigas en salsa de tomate

Para 4 personas

Ingredientes:

- 2 cucharadas de aceite de oliva
- 8 oz. Carne molida
- 1 taza (2 oz.) de pan rallado blanco fresco
- 2 cucharadas de queso manchego o parmesano rallado
- 1 cucharada de pasta de tomate
- 3 dientes de ajo, picados finos
- 2 cebolletas, picadas finas
- 2 cucharaditas de tomillo fresco picado
- 1/2 cucharadita de cúrcuma
- Sal y pimienta para probar
- 2 tazas (16 oz.) de tomates ciruela enlatados, picados
- 2 cucharadas de vino tinto
- 2 cucharaditas de hojas de albahaca fresca picada
- 2 cucharaditas de romero fresco picado

Direcciones:

a) Combine la carne, el pan rallado, el queso, la pasta de tomate, el ajo, las cebolletas, el huevo, el tomillo, la cúrcuma, la sal y la pimienta en un tazón.

b) Forme la mezcla en 12 a 15 bolas firmes con sus manos.

c) En una sartén, caliente el aceite de oliva a fuego medio-alto. Cocine por varios minutos, o hasta que las albóndigas estén doradas por todos lados.

d) En un tazón grande, combine los tomates, el vino, la albahaca y el romero. Cocine, revolviendo ocasionalmente, durante unos 20 minutos, o hasta que las albóndigas estén listas.

e) Sal y pimienta generosamente, luego sirva con rapini blanqueado, espagueti o pan.

54. Sopa de alubia blanca

Porciones: 4

Ingredientes:

- 1 cebolla picada
- 2 cucharadas de aceite de oliva
- 2 tallos de apio picados
- 3 dientes de ajo picados
- 4 tazas de frijoles cannellini enlatados
- 4 tazas de caldo de pollo
- Sal y pimienta para probar
- 1 cucharadita de romero fresco
- 1 taza de floretes de brócoli
- 1 cucharada de aceite de trufa
- 3 cucharadas de queso parmesano rallado

Direcciones:

d) En una sartén grande, caliente el aceite.

e) Cocine el apio y la cebolla durante unos 5 minutos en una sartén.

f) Agregue el ajo y revuelva para combinar. Cocine por otros 30 segundos.

g) Agregue los frijoles, 2 tazas de caldo de pollo, romero, sal y pimienta, así como el brócoli.

h) Lleve el líquido a ebullición y luego reduzca a fuego lento durante 20 minutos.

i) Bate la sopa con tu batidora de mano hasta que alcance la suavidad deseada.

j) Reduzca el fuego a bajo y espolvoree el aceite de trufa.

k) Sirva la sopa en los platos y espolvoree con queso parmesano antes de servir.

55. sopa de pescado

Porciones: 8

Ingredientes:

- 32 onzas lata de tomates cortados en cubitos
- 2 cucharadas de aceite de oliva
- $\frac{1}{4}$ taza de apio picado
- $\frac{1}{2}$ taza de caldo de pescado
- $\frac{1}{2}$ taza de vino blanco
- 1 taza de jugo V8 picante
- 1 pimiento verde picado
- 1 cebolla picada
- 4 dientes de ajo picados
- Salpimentamos al gusto
- 1 cucharadita de condimento italiano
- 2 zanahorias peladas y en rodajas
- 2 $\frac{1}{2}$ libra de tilapia troceada
- $\frac{1}{2}$ libra de camarones pelados y desvenados

Direcciones:

a) En su olla grande, caliente primero el aceite de oliva.

b) Cocine el pimiento, la cebolla y el apio durante 5 minutos en una sartén caliente.

c) Después de eso, agregue el ajo. Cocine por 1 minuto después de eso.

d) En un tazón grande, combine todos los ingredientes restantes excepto los mariscos.

e) Cuece el guiso durante 40 minutos a fuego lento.

f) Agregue la tilapia y los camarones y revuelva para combinar.

g) Cocine a fuego lento durante 5 minutos adicionales.

h) Pruebe y ajuste la sazón antes de servir.

56. Pasta y Fagioli

Porciones: 10

Ingredientes:
- 1 ½ libra de carne molida
- 2 cebollas picadas
- ½ cucharaditas de hojuelas de pimiento rojo
- 3 cucharadas de aceite de oliva
- 4 tallos de apio picados
- 2 dientes de ajo picados
- 5 tazas de caldo de pollo
- 1 taza de salsa de tomate
- 3 cucharadas de pasta de tomate
- 2 cucharaditas de orégano
- 1 cucharadita de albahaca
- Sal y pimienta para probar
- 1 15 oz. lata de frijoles cannellini
- 2 tazas de pasta italiana pequeña cocida

Direcciones:

a) En una olla grande, dore la carne por 5 minutos, o hasta que ya no esté rosada. Eliminar de la ecuación.

b) En una sartén grande, caliente el aceite de oliva y cocine las cebollas, el apio y el ajo durante 5 minutos.

c) Agregue el caldo, la salsa de tomate, la pasta de tomate, la sal, la pimienta, la albahaca y las hojuelas de pimiento rojo, y revuelva para combinar.

d) Ponle la tapa a la cacerola. A continuación, se debe dejar cocer la sopa durante 1 hora.

e) Agregue la carne y cocine por otros 15 minutos.

f) Agregue los frijoles y revuelva para combinar. Después de eso, cocine por 5 minutos a fuego lento.

g) Agregue la pasta cocida y cocine por 3 minutos, o hasta que se caliente por completo.

57.   Sopa de albóndigas y tortellini

Porciones: 6

Ingredientes:

- 2 cucharadas de aceite de oliva
- 1 cebolla picada
- 3 dientes de ajo picados
- Sal y pimienta para probar
- 8 tazas de caldo de pollo
- 1 ½ tazas de tomates enlatados cortados en cubitos
- 1 taza de col picada
- 1 taza de guisantes congelados descongelados
- 1 cucharadita de albahaca triturada
- 1 cucharadita de orégano
- 1 hoja de laurel
- 1 libra de albóndigas descongeladas, de cualquier tipo
- 1 libra de tortellini de queso fresco
- ¼ taza de queso parmesano rallado

Direcciones:

a) En una olla grande, caliente el aceite de oliva y saltee la cebolla y el ajo durante 5 minutos.

b) En una cacerola grande, combine el caldo de pollo, los tomates picados, la col rizada, los guisantes, la albahaca, el orégano, la sal, la pimienta y la hoja de laurel.

c) Lleve el líquido a ebullición a continuación. Después de eso, cocine por 5 minutos a fuego lento.

d) Retire la hoja de laurel y tírela.

e) Cocine a fuego lento durante otros 5 minutos después de agregar las albóndigas y los tortellini.

f) Por último, pero no menos importante, sirva en tazones con queso rallado encima.

58. pollo Marsala

Porciones: 4

Ingredientes:

- ¼ taza de harina
- Sal y pimienta para probar
- ½ cucharaditas de tomillo
- 4 pechugas de pollo deshuesadas, machacadas
- ¼ taza de mantequilla
- ¼ taza de aceite de oliva
- 2 dientes de ajo picados
- 1 ½ tazas de champiñones rebanados
- 1 cebolla pequeña picada
- 1 taza de marsala
- ¼ taza mitad y mitad o crema espesa

Direcciones:

a) En un tazón, combine la harina, la sal, la pimienta y el tomillo.

b) En un recipiente aparte, dragar las pechugas de pollo en la mezcla.

c) En una sartén grande, derrita la mantequilla y el aceite.

d) Cocine el ajo durante 3 minutos en una sartén.

e) Agregue el pollo y cocine durante 4 minutos por cada lado.

f) En una sartén, combine los champiñones, la cebolla y la marsala.

g) Cocine el pollo durante 10 minutos a fuego lento.

h) Transfiere el pollo a un plato para servir.

i) Mezcle la mitad y mitad o la crema espesa. Luego, mientras cocina a fuego alto durante 3 minutos, revuelva constantemente.

j) Moja el pollo con la salsa.

59.   Pollo Cheddar Al Ajillo

Porciones: 8

Ingredientes:

- ¼ taza de mantequilla
- ¼ taza de aceite de oliva
- ½ taza de queso parmesano rallado
- ½ taza de pan rallado Panko
- ½ taza de galletas Ritz trituradas
- 3 dientes de ajo picados
- 1 ¼ de queso cheddar fuerte
- ¼ cucharaditas de condimento italiano
- Sal y pimienta para probar
- ¼ taza de harina
- 8 pechugas de pollo

Direcciones:

a) Precaliente el horno a 350 grados Fahrenheit.

b) En una sartén, derrita la mantequilla y el aceite de oliva y cocine el ajo durante 5 minutos.

c) En un tazón grande, combine las migas de pan, las galletas rotas, los dos quesos, los condimentos, la sal y la pimienta.

d) Sumerja cada trozo de pollo en la mezcla de mantequilla y aceite de oliva lo más rápido posible.

e) Enharinar el pollo y rebozarlo.

f) Precaliente el horno a 350°F y cubra el pollo con la mezcla de pan rallado.

g) Coloque cada trozo de pollo en una fuente para horno.

h) Rocíe la mezcla de mantequilla y aceite por encima.

i) Precaliente el horno a 350°F y hornee por 30 minutos.

j) Para que estén más crujientes, colóquelos debajo del asador durante 2 minutos.

60. Fettuccini de pollo Alfredo

Porciones: 8

Ingredientes:

- 1 libra de pasta fettuccine
- 6 pechugas de pollo deshuesadas y sin piel, bien cortadas en cubos ¾ taza de mantequilla, cantidad dividida
- 5 dientes de ajo picados
- 1 cucharadita de tomillo
- 1 cucharadita de orégano
- 1 cebolla picada
- 1 taza de champiñones rebanados
- ½ taza de harina
- Sal y pimienta para probar
- 3 tazas de leche entera
- 1 taza de crema espesa
- ¼ taza de queso gruyere rallado
- ¾ taza de queso parmesano rallado

Direcciones:

a) Precaliente el horno a 350 °F y cocine la pasta según las instrucciones del paquete, aproximadamente 10 minutos.

b) En una sartén, derrita 2 cucharadas de mantequilla y agregue los cubos de pollo, el ajo, el tomillo y el orégano, cocine a fuego lento durante 5 minutos o hasta que el pollo ya no esté rosado. Eliminar.

c) En la misma sartén, derrita las 4 cucharadas de mantequilla restantes y saltee la cebolla y los champiñones.

d) Agregue la harina, la sal y la pimienta durante 3 minutos.

e) Agregue la crema espesa y la leche. Revuelva por otros 2 minutos.

f) Agregue el queso durante 3 minutos a fuego lento.

g) Regrese el pollo a la sartén y sazone al gusto.

h) Cocine por 3 minutos a fuego lento.

i) Vierta la salsa sobre la pasta.

61. Ziti con Salchicha

Porciones: 8

Ingredientes:

- 1 libra de salchicha italiana desmenuzada
- 1 taza de champiñones rebanados
- ½ taza de apio picado
- 1 cebolla picada
- 3 dientes de ajo picados
- 42 onzas salsa de espagueti comprada en la tienda o casera
- Sal y pimienta para probar
- ½ cucharaditas de orégano
- ½ cucharaditas de albahaca
- 1 libra de pasta ziti cruda
- 1 taza de queso mozzarella rallado
- ½ taza de queso parmesano rallado
- 3 cucharadas de perejil picado

Direcciones:

j) En una sartén, dore la salchicha, los champiñones, la cebolla y el apio durante 5 minutos.

k) Después de eso, agregue el ajo. Cocine por otros 3 minutos. Eliminar de la ecuación.

l) Agregue la salsa de espagueti, la sal, la pimienta, el orégano y la albahaca en una sartén aparte.

m) Cocine a fuego lento la salsa durante 15 minutos.

n) Prepare la pasta en una sartén de acuerdo con las instrucciones del paquete mientras se cocina la salsa. Drenar.

o) Precaliente el horno a 350 grados Fahrenheit.

p) En una fuente para horno, ponga el ziti, la mezcla de salchichas y la mozzarella rallada en dos capas.

q) Espolvorea perejil y queso parmesano por encima.

r) Precaliente el horno a 350°F y hornee por 25 minutos.

62. salchichas y pimientos

Porciones: 4

Ingredientes:
- 1 paquete de espaguetis
- 1 cucharada de aceite de oliva
- 4 salchichas italianas dulces cortadas en trozos pequeños
- 2 pimientos rojos cortados en tiras.
- 2 pimientos verdes cortados en tiras
- 2 pimientos naranjas cortados en tiras
- 3 dientes de ajo picados
- 1 cucharadita de condimento italiano
- Sal y pimienta para probar
- 3 cucharadas de aceite de oliva virgen
- 12 onzas. tomates enlatados en cubitos
- 3 cucharadas de vino tinto
- 1/3 taza de perejil picado
- ¼ taza de queso Asiago rallado

Direcciones:

a) Cocine los espaguetis de acuerdo con las instrucciones del paquete, lo que debería tomar alrededor de 5 minutos. Drenar

b) En una sartén, caliente el aceite de oliva y dore las salchichas durante 5 minutos.

c) Coloque la salchicha en una fuente para servir.

d) Agregue los pimientos, el ajo, el condimento italiano, la sal y la pimienta a la misma sartén.

e) Rocíe 3 cucharadas de aceite de oliva sobre los pimientos.

f) Agregue los tomates cortados en cubitos y el vino y revuelva para combinar.

g) Saltee por un total de 10 minutos.

h) Ajuste la sazón mezclando los espaguetis con los pimientos.

i) Agregue perejil y queso Asiago en la parte superior.

63.   lasaña picante

Porciones: 4

Ingredientes:

- 1 ½ libra de salchicha italiana picante desmenuzada
- 5 tazas de salsa de espagueti comprada en la tienda
- 1 taza de salsa de tomate
- 1 cucharadita de condimento italiano
- ½ taza de vino tinto
- 1 cucharada de azúcar
- 1 cucharada de aceite
- 5 guantes de ajo picados
- 1 cebolla picada
- 1 taza de queso mozzarella rallado
- 1 taza de queso provolone rallado
- 2 tazas de queso ricota
- 1 taza de requesón
- 2 huevos grandes
- ¼ taza de leche
- 9 fideos de lasaña de fideos – sancochados
- ¼ taza de queso parmesano rallado

Direcciones:

a) Precaliente el horno a 375 grados Fahrenheit.

b) En una sartén, dore la salchicha desmenuzada durante 5 minutos. Cualquier grasa debe desecharse.

c) En una olla grande, combine la salsa para pasta, la salsa de tomate, el condimento italiano, el vino tinto y el azúcar y mezcle bien.

d) En una sartén, calentar el aceite de oliva. Luego, durante 5 minutos, sofreír el ajo y la cebolla.

e) Incorpora la salchicha, el ajo y la cebolla a la salsa.

f) Después de eso, tapa la cacerola y deja que hierva a fuego lento durante 45 minutos.

g) En un plato para mezclar, combine los quesos mozzarella y provolone.

h) En un recipiente aparte, combine la ricota, el requesón, los huevos y la leche.

i) En una fuente para hornear de 9 x 13, vierta 12 tazas de salsa en el fondo de la fuente.

j) Ahora coloque los fideos, la salsa, la ricotta y la mozzarella en la fuente para hornear en tres capas.

k) Unta queso parmesano por encima.

l) Hornear en un plato tapado durante 30 minutos.

m) Hornee por otros 15 minutos después de destapar el plato.

64.   Cena de mariscos Diavolo

Porciones: 4

Ingredientes:
- 1 libra. camarones grandes pelados y desvenados
- ½ libra de vieiras doradas
- 3 cucharadas de aceite de oliva
- ½ cucharaditas de hojuelas de pimiento rojo
- Sal al gusto
- 1 cebolla pequeña rebanada
- ½ cucharaditas de tomillo
- ½ cucharaditas de orégano
- 2 filetes de anchoa machacados
- 2 cucharadas de pasta de tomate
- 4 dientes de ajo picados
- 1 taza de vino blanco
- 1 cucharadita de jugo de limón
- 2 ½ tazas de tomates cortados en cubitos
- 5 cucharadas de perejil

Direcciones:

a) En un plato para mezclar, combine los camarones, las vieiras, el aceite de oliva, las hojuelas de pimiento rojo y la sal.

b) Precaliente la sartén a 350°F. Durante 3 minutos, saltee los mariscos en capas individuales. Esto es algo que se puede hacer en racimos.

c) Coloque los camarones y las vieiras en un plato para servir.

d) Vuelva a calentar la sartén.

e) Durante 2 minutos, saltee la cebolla, las hierbas, los filetes de anchoa y la pasta de tomate.

f) Combine el vino, el jugo de limón y los tomates cortados en cubitos en un tazón.

g) Llevar a ebullición el líquido.

h) Ajuste la temperatura a un nivel bajo. Cocine por 15 minutos después de eso.

i) Regrese los mariscos a la sartén, junto con el perejil.

j) Cocine durante 5 minutos a fuego lento.

65. Linguini y gambas al ajillo

Porciones: 6

Ingredientes:

- 1 paquete de pasta linguini
- ¼ taza de mantequilla
- 1 pimiento rojo picado
- 5 dientes de ajo picados
- 45 camarones grandes crudos pelados y desvenados ½ taza de vino blanco seco ¼ taza de caldo de pollo
- 2 cucharadas de jugo de limón
- ¼ taza de mantequilla
- 1 cucharaditas de hojuelas de pimiento rojo triturado
- ½ cucharaditas de azafrán
- ¼ taza de perejil picado
- Sal al gusto

Direcciones:

a) Cocine la pasta de acuerdo con las instrucciones del paquete, lo que debería tomar alrededor de 10 minutos.

b) Escurra el agua y déjela a un lado.

c) En una sartén grande, derrita la mantequilla.

d) Cocine los pimientos y el ajo en una sartén durante 5 minutos.

e) Agregue los camarones y continúe salteando por otros 5 minutos.

f) Retire los camarones a un plato, pero conserve el ajo y la pimienta en la sartén.

g) Llevar a ebullición el vino blanco, el caldo y el jugo de limón.

h) Regrese los camarones a la sartén con otras 14 tazas de mejor.

i) Agregue las hojuelas de pimiento rojo, el azafrán y el perejil, y sazone al gusto con sal.

j) Cocine a fuego lento durante 5 minutos después de mezclar con la pasta.

66. Camarones Con Salsa De Crema De Pesto

Porciones: 6

Ingredientes:

- 1 paquete de pasta linguini
- 1 cucharada de aceite de oliva
- 1 cebolla picada
- 1 taza de champiñones rebanados
- 6 dientes de ajo picados
- ½ taza de mantequilla
- Sal y pimienta para probar
- ½ cucharaditas de pimienta de cayena
- 1 3/4 tazas de Pecorino Romano rallado
- 3 cucharadas de harina
- ½ taza de crema espesa
- 1 taza de pesto
- 1 libra de camarones cocidos, pelados y desvenados

Direcciones:

a) Cocine la pasta de acuerdo con las instrucciones del paquete, lo que debería tomar alrededor de 10 minutos. Drenar.

b) En una sartén, caliente el aceite y cocine la cebolla y los champiñones durante 5 minutos.

c) Cocine por 1 minuto después de agregar el ajo y la mantequilla.

d) En una sartén, vierta la crema espesa y sazone con sal, pimienta y pimienta de cayena.

e) Cocine a fuego lento durante otros 5 minutos.

f) Agregue el queso y revuelva para combinar. Continúe batiendo hasta que el queso se haya derretido.

g) Luego, para espesar la salsa, mezcle la harina.

h) Cocine por 5 minutos con el pesto y los camarones.

i) Cubre la pasta con la salsa.

67. Sopa De Pescado Y Chorizo

Porciones: 4

Ingredientes:

- 2 cabezas de pescado (usadas para cocinar caldo de pescado)
- 500 g de filetes de pescado, cortados en trozos
- 1 cebolla
- 1 diente de ajo
- 1 taza de vino blanco
- 2 cucharadas de aceite de oliva
- 1 puñado de perejil (picado)
- 2 tazas de caldo de pescado
- 1 puñado de orégano (picado)
- 1 cucharada de sal
- 1 cucharada de pimienta
- 1 apio
- 2 latas de tomates (jitomates)
- 2 chiles rojos
- 2 chorizos
- 1 cucharada de pimentón

- 2 hojas de laurel

Direcciones:

a) Limpiar la cabeza del pescado. Se deben quitar las branquias. Sazonar con sal. Cocinar durante 20 minutos a baja temperatura. Eliminar de la ecuación.

b) En una sartén, vierta el aceite de oliva. Combine la cebolla, las hojas de laurel, el ajo, el chorizo y el pimentón en un tazón grande para mezclar. 7 minutos en el horno

c) En un tazón grande, combine los chiles rojos, los tomates, el apio, la pimienta, la sal, el orégano, el caldo de pescado y el vino blanco.

d) Cocine por un total de 10 minutos.

e) Mezcle el pescado. 4 minutos en el horno

f) Usa el arroz como guarnición.

g) Añadir perejil como guarnición.

68. Ratatouille español

Porciones: 4

Ingredientes:
- 1 pimiento rojo (picado)
- 1 cebolla de tamaño medio (rebanada o picada)
- 1 diente de ajo
- 1 calabacín (picado)
- 1 pimiento verde (picado)
- 1 cucharada de sal
- 1 cucharada de pimienta
- 1 lata de tomates (picados)
- 3 cucharadas de aceite de oliva
- 1 chorrito de vino blanco
- 1 puñado de perejil fresco

Direcciones:

a) En una sartén, vierta el aceite de oliva.

b) Agregue las cebollas. Permita 4 minutos de tiempo de fritura a fuego medio.

c) Agregue el ajo y los pimientos. Permita otros 2 minutos de fritura.

d) Agregue el calabacín, los tomates, el vino blanco y sazone al gusto con sal y pimienta.

e) Cocine por 30 minutos o hasta que esté hecho.

f) Adorne con perejil, si lo desea.

g) Servir con arroz o tostadas como guarnición.

h) ¡¡¡Disfrutar!!!

69.   Guiso de alubias y chorizo

Porciones: 3

Ingredientes:

- 1 zanahoria (picada)
- 3 cucharadas de aceite de oliva
- 1 cebolla mediana
- 1 pimiento rojo
- 400g de habas secas
- 300 gramos Chorizo chorizo
- 1 pimiento verde
- 1 taza de perejil (picado)
- 300 g de tomates (picados)
- 2 tazas de caldo de pollo
- 300 gramos de muslos de pollo (filetes)
- 6 dientes de ajo
- 1 patata mediana (picada)
- 2 cucharadas de tomillo
- 2 cucharadas de sal al gusto
- 1 cucharada de pimienta

Direcciones:

a) En una sartén, vierta el aceite vegetal. Agregue la cebolla. Permita 2 minutos de tiempo de fritura a fuego medio.

b) En un tazón grande, combine el ajo, la zanahoria, los pimientos, el chorizo y los muslos de pollo. Permita 10 minutos para cocinar.

c) Agregue el tomillo, el caldo de pollo, los frijoles, la papa, los tomates, el perejil y sazone al gusto con sal y pimienta.

d) Cocine por 30 minutos, o hasta que los frijoles estén tiernos y el guiso se haya espesado.

70. Gazpacho

Porciones: 6

Ingredientes:

- 2 libras de tomates maduros, picados
- 1 pimiento rojo (picado)
- 2 dientes de ajo (molidos)
- 1 cucharada de sal
- 1 cucharada de pimienta
- 1 cucharada de comino (molido)
- 1 taza de cebolla roja (picada)
- 1 chile jalapeño grande
- 1 taza de aceite de oliva
- 1 lima 1 pepino mediano
- 2 cucharadas de vinagre
- 1 taza de tomate (jugo)
- 1 cucharada de salsa Worcestershire
- 2 cucharadas de albahaca fresca (en rodajas)
- 2 rebanadas de pan

Direcciones:

g) En un tazón, combine el pepino, los tomates, los pimientos, la cebolla, el ajo, el jalapeño, la sal y el comino. Revuelva todo junto por completo.

h) En una licuadora, combine el aceite de oliva, el vinagre, la salsa Worcestershire, el jugo de lima, el jugo de tomate y el pan. Licúa hasta que la mezcla esté completamente suave.

i) Incorporar la mezcla licuada a la mezcla original utilizando un colador.

j) Asegúrate de combinar completamente todo.

k) Vierta la mitad de la mezcla en la licuadora y haga puré. Licúa hasta que la mezcla esté completamente suave.

l) Regrese la mezcla mezclada al resto de la mezcla. Revuelva todo junto por completo.

m) Refrigere el recipiente durante 2 horas después de cubrirlo.

n) Después de 2 horas, retire el recipiente. Sazona la mezcla son sal y pimienta. Espolvorea albahaca sobre el plato.

o) Atender.

71. Calamares y Arroz

Porciones: 4

Ingredientes:

- 6 onzas. Mariscos (cualquiera de tu elección)
- 3 dientes de ajo
- 1 cebolla mediana (en rodajas)
- 3 cucharadas de aceite de oliva
- 1 pimiento verde (en rodajas)
- 1 cucharada de tinta de calamar
- 1 manojo de perejil
- 2 cucharadas de pimentón
- Calamares de 550 gramos (limpios)
- 1 cucharada de sal
- 2 apio (picado)
- 1 hoja de laurel fresca
- 2 tomates medianos (rallados)
- 300g arroz calasparra
- 125 ml de vino blanco
- 2 tazas de caldo de pescado
- 1 limón

Direcciones:

f) En una sartén, vierta el aceite de oliva. Combine la cebolla, la hoja de laurel, la pimienta y el ajo en un tazón. Dejar unos minutos de fritura.

g) Mezcle los calamares y los mariscos. Cocine por unos minutos, luego retire los calamares/mariscos.

h) En un tazón grande, combine el pimentón, los tomates, la sal, el apio, el vino y el perejil. Espere 5 minutos para que las verduras terminen de cocinarse.

i) Mezcle el arroz enjuagado en la sartén. Combine el caldo de pescado y la tinta de calamar en un tazón.

j) Cocine por un total de 10 minutos. Combine los mariscos y los calamares en un tazón grande para mezclar.

k) Cocine por 5 minutos más.

l) Servir con alioli o limón.

72. Conejo Guiso En Tomate

Porciones: 5

Ingredientes:

- 1 conejo completo, cortado en trozos
- 1 hoja de laurel
- 2 cebollas de tamaño grande
- 3 dientes de ajo
- 2 cucharadas de aceite de oliva
- 1 cucharada de pimentón dulce
- 2 ramitas de romero fresco
- 1 lata tomates
- 1 ramita de tomillo
- 1 taza de vino blanco
- 1 cucharada de sal
- 1 cucharada de pimienta

Direcciones:

a) En una sartén, caliente el aceite de oliva a fuego medio-alto.

b) Precaliente el aceite y agregue los trozos de conejo. Freír hasta que las piezas estén uniformemente doradas.

c) Retíralo una vez que haya terminado.

d) Agregue las cebollas y el ajo a la misma sartén. Cocine hasta que esté completamente suave.

e) En un tazón grande, combine el tomillo, el pimentón, el romero, la sal, la pimienta, los tomates y la hoja de laurel. Permita 5 minutos para cocinar.

f) Mezcle los trozos de conejo con el vino. Cocine, tapado, durante 2 horas, o hasta que los trozos de conejo estén cocidos y la salsa se haya espesado.

g) Servir con patatas fritas o tostadas.

73.   Gambas con Hinojo

Porciones: 3

Ingredientes:

- 1 cucharada de sal
- 1 cucharada de pimienta
- 2 dientes de ajo (en rodajas)
- 2 cucharadas de aceite de oliva
- 4 cucharadas de jerez manzanilla
- 1 bulbo de hinojo
- 1 puñado de tallos de perejil
- 600 g de tomates cherry
- 15 langostinos grandes, pelados
- 1 taza de vino blanco

Direcciones:

a) En una cacerola grande, caliente el aceite. Coloca los dientes de ajo cortados en un bol. Dejar sofreír hasta que el ajo esté dorado.

b) Agregue el hinojo y el perejil a la mezcla. Cocine durante 10 minutos a fuego lento.

c) En un tazón grande, combine los tomates, la sal, la pimienta, el jerez y el vino. Llevar a ebullición durante 7 minutos, o hasta que la salsa esté espesa.

d) Colocar encima las gambas peladas. Cocine por 5 minutos, o hasta que las gambas se hayan puesto rosadas.

e) Adorne con una pizca de hojas de perejil.

f) Servir con una guarnición de pan.

g)

74. Risotto a la boloñesa al horno

Para 6

Ingredientes:

- ternera picada 300g
- champiñones castaños 200 g, en cuartos
- hongos porcini secos 15g
- caldo de res 750ml, caliente
- aceite de oliva 2 cucharadas
- cebolla 1, finamente picada
- ajo 1 diente, finamente picado
- arroz arborio 200g
- passata 200ml
- puré de tomate 1 cucharada
- Salsa Worcestershire unas gotas
- sal de apio 1 cucharadita
- orégano seco 1 cucharadita
- mozzarella 2 bolas, en cubitos
- parmesano 30 g, finamente rallado

Direcciones:

u) Caliente el horno a 200C/ventilador 180C/gas 6. Extienda la carne picada y los champiñones castaños en una bandeja para hornear antiadherente.

v) Cocine durante 20-25 minutos, revolviendo de vez en cuando hasta que la carne esté dorada y los champiñones hayan tomado algo de color y el exceso de líquido se haya evaporado.

w) Mientras tanto, poner las setas secas en un bol y verter 150ml del caldo caliente.

x) Caliente el aceite de oliva en una cacerola poco profunda o en una sartén profunda para horno y cocine la cebolla hasta que se ablande. Agregue el ajo, cocine por un minuto, luego agregue el arroz y revuelva con el aceite y las cebollas hasta que esté completamente cubierto.

y) Cuele el licor de champiñones (dejando atrás cualquier grano). Picar los champiñones remojados y revolverlos, luego agregar gradualmente el licor de champiñones, revolviendo sobre la marcha. Añadir el resto del caldo de carne de a poco, añadiendo más una vez absorbido el anterior, hasta que el arroz esté casi cocido.

z) Agregue la passata y luego agregue la carne picada asada, los champiñones, el puré de tomate y la salsa Worcestershire, la sal de apio y el orégano.

aa) Llevar a fuego lento, agregando un poco más de agua si se ve seco. Agregue $\frac{3}{4}$ de la mozzarella. Espolvorea el resto por encima con el queso parmesano. Poner en el horno durante 25 minutos, sin tapar, hasta que estén doradas y burbujeantes.

75. Risotto de tomate y champiñones

Rendimiento: 1 raciones

Ingredientes

- 1 libra de tomates frescos; reducido a la mitad y sin semillas
- Chorrito de aceite de oliva
- Sal
- Pimienta negra recién molida
- 4 champiñones portobello medianos; despalillado y limpiado
- 1 libra de queso mozzarella fresco; rebanado
- 1 cucharada de aceite de oliva
- 1 taza de cebollas picadas
- 6 tazas de agua
- 1 cucharadita de ajo picado
- 1 libra de arroz arborio
- 1 cucharada de mantequilla sin sal
- $\frac{1}{4}$ taza de crema espesa
- $\frac{1}{2}$ taza de queso Parmigiano-Reggiano recién rallado
- 3 cucharadas de cebollas verdes picadas;

Direcciones:

a) Precaliente la parrilla a 400 grados. En un tazón, mezcle los tomates con el aceite de oliva, la sal y la pimienta. Coloque en la parrilla y cocine durante 2 a 3 minutos por cada lado. Retire de la parrilla y reserve. Precalentar el horno a 400 grados.

b) Coloque el hongo Portobello en una bandeja para hornear forrada con pergamino, con la cavidad hacia arriba. Rocíe ambos lados de los champiñones con el aceite de oliva.

c) Sazone ambos lados con sal y pimienta. Airee una cuarta parte del queso sobre cada cavidad del champiñón.

d) Coloque en el horno y cocine hasta que los champiñones estén tiernos y el queso esté burbujeante, aproximadamente 10 minutos. Caliente el aceite de oliva en una sartén grande a fuego medio.

e) Agregue las cebollas. Condimentar con sal y pimienta. Saltee hasta que las cebollas estén ligeramente blandas, unos 3 minutos.

f) Agregue el agua y el ajo. Lleve la mezcla a ebullición, reduzca el fuego a medio y cocine a fuego lento durante unos 6 minutos.

g) Agregue el arroz y cocine a fuego lento, revolviendo constantemente hasta que la mezcla esté cremosa y burbujeante, aproximadamente 18 minutos. Agregue la mantequilla, la crema, el queso y las cebollas verdes.

h) Cocine a fuego lento durante unos 2 minutos, revolviendo constantemente. Retire del fuego y agregue los tomates.

POSTRE

76.   Tarta italiana de alcachofas

Porciones: 8 Porciones

Ingrediente

- 3 huevos; Vencido
- 1 Paquete de 3 Oz de Queso Crema con Cebollines; Ablandado
- ¾ cucharadita de ajo en polvo
- ¼ cucharadita de pimienta
- 1½ taza de queso mozzarella, leche parcialmente descremada; triturado
- 1 taza de queso ricota
- ½ taza de mayonesa
- 1 lata de 14 oz de corazones de alcachofa; Agotado
- ½ Lata de 15 Oz de Garbanzos, Enlatados; Enjuagado y Escurrido
- 1 lata de 2 1/4 oz de aceitunas en rodajas; Agotado
- 1 Tarro de 2 Oz de Pimientos; Cortado en cubitos y escurrido
- 2 cucharadas de perejil; cortado
- 1 masa de pastel (9 pulgadas); sin hornear
- 2 tomates pequeños; Rebanado

Direcciones:

a) Combine los huevos, el queso crema, el ajo en polvo y la pimienta en un recipiente grande para mezclar. Combine 1 taza de queso mozzarella, queso ricotta y mayonesa en un tazón.

b) Revuelva hasta que todo esté bien mezclado.

c) Cortar 2 corazones de alcachofa por la mitad y reservar. Picar el resto de los corazones.

d) Mezcle la mezcla de queso con los corazones picados, los garbanzos, las aceitunas, los pimientos y el perejil. Rellenar la masa de hojaldre con la mezcla.

e) Hornear durante 30 minutos a 350 grados. El queso mozzarella restante y el queso parmesano se deben espolvorear encima.

f) Hornee por otros 15 minutos o hasta que cuaje.

g) Dejar reposar durante 10 minutos.

h) Por encima, coloque rodajas de tomate y corazones de alcachofa en cuartos.

i) Atender

77. Pastel de espaguetis con albóndigas

Porciones: 4-6

Ingredientes:

- 1 - 26 onzas bolsa de albóndigas de ternera
- 1/4 taza de pimiento verde picado
- 1/2 taza de cebolla picada
- 1 - 8 onzas paquete de espaguetis
- 2 huevos, ligeramente batidos
- 1/2 taza de queso parmesano rallado
- 1-1/4 tazas de queso mozzarella rallado
- 26 onzas tarro de salsa de espagueti gruesa

Direcciones:

q) Precaliente el horno a 375°F. Saltee los pimientos y las cebollas hasta que se ablanden, unos 10 minutos. Dejar de lado.

r) Cocine los espaguetis, escurra y enjuague con agua fría y seque. Coloque en un tazón grande para mezclar.

s) Agregue los huevos y el queso parmesano y revuelva para combinar. Presione la mezcla en el fondo de un molde para pastel rociado de 9". Cubra con 3/4 taza de queso mozzarella rallado. Descongele las albóndigas congeladas en el microondas durante 2 minutos.

t) Corta cada albóndiga por la mitad. Coloque las mitades de albóndigas sobre la mezcla de queso. Combine la salsa de espagueti con pimientos cocidos y cebollas.

u) Cuchara sobre la capa de albóndigas. Cubra sin apretar con papel aluminio y hornee por 20 minutos.

v) Retire del horno y espolvoree 1/2 taza de queso mozzarella sobre la mezcla de salsa de espagueti.

w) Continúe horneando sin tapar durante otros 10 minutos hasta que burbujee. Cortar en gajos y servir.

78.   Panna cotta de chocolate

5 porciones

Ingredientes:

- 500 ml de nata espesa
- 10 g de gelatina
- 70 g de chocolate negro
- 2 cucharadas de yogur
- 3 cucharada de azúcar
- una pizca de sal

Direcciones:

a) En una pequeña cantidad de crema, remoje la gelatina.

b) En una cacerola pequeña, vierta la crema restante. Lleve a ebullición el azúcar y el yogur, revolviendo de vez en cuando, pero no hierva. Retire la sartén del fuego.

c) Agregue el chocolate y la gelatina hasta que se disuelvan por completo.

d) Rellenar los moldes con la masa y refrigerar durante 2-3 horas.

e) Para desmoldar la panna cotta, pásala por agua caliente unos segundos antes de sacar el postre.

f) ¡Decora a tu gusto y sirve!

79.   Galette de queso con salami

5 porciones

Ingredientes:

- 130 g de mantequilla
- 300 g de harina
- 1 cucharadita de sal
- 1 huevo
- 80 ml de leche
- 1/2 cucharadita de vinagre
- Relleno:
- 1 tomate
- 1 pimiento dulce
- calabacín
- salami
- queso Mozzarella
- 1 cucharada de aceite de oliva
- hierbas (como tomillo, albahaca, espinaca)

Direcciones:

a) Cubra la mantequilla.

b) En un tazón o sartén, combine el aceite, la harina y la sal y pique con un cuchillo.

c) Agregue un huevo, un poco de vinagre y un poco de leche.

d) Comience a amasar la masa. Refrigere durante media hora después de enrollarlo en una bola y envolverlo en una envoltura de plástico.

e) Cortar todos los ingredientes del relleno.

f) Coloque el relleno en el centro de un gran círculo de masa que se ha extendido sobre papel de hornear (excepto Mozzarella).

g) Rocíe con aceite de oliva y sazone con sal y pimienta.

h) Luego levante con cuidado los bordes de la masa, envuélvalos alrededor de las secciones superpuestas y presione ligeramente hacia adentro.

i) Precalentar el horno a 200°C y hornear por 35 minutos. Agregue la mozzarella diez minutos antes de que finalice el tiempo de horneado y continúe horneando.

j) ¡Servir inmediatamente!

80. Tiramisu

Porciones: 6

Ingredientes:

- 4 yemas de huevo
- ¼ taza de azúcar blanca
- 1 cucharada de extracto de vainilla
- ½ taza de crema para batir
- 2 tazas de queso mascarpone
- 30 dedos de dama
- 1 ½ taza de café preparado helado guardado en el refrigerador
- ¾ taza de licor Frangelico
- 2 cucharadas de cacao en polvo sin azúcar

Direcciones:

a) En un recipiente para mezclar, mezcle las yemas de huevo, el azúcar y el extracto de vainilla hasta que quede cremoso.

b) Después de eso, bata la crema batida hasta que esté firme.

c) Combine el queso mascarpone y la crema batida.

d) En un tazón pequeño, mezcle ligeramente el mascarpone con las yemas de huevo y déjelo a un lado.

e) Combina el licor con el café frío.

f) Sumerge los bizcochos en la mezcla de café inmediatamente. Si los dedos de las damas se mojan o humedecen demasiado, se empaparán.

g) Coloque la mitad de los dedos de dama en el fondo de una fuente para hornear de 9x13 pulgadas.

h) Coloque la mitad de la mezcla de relleno encima.

i) Coloque los dedos de dama restantes en la parte superior.

j) Coloque una tapa sobre el plato. Después de eso, enfríe durante 1 hora.

k) Espolvorear con cacao en polvo.

81. Pastel cremoso de ricota

Porciones: 6

Ingredientes:

- 1 masa de pastel comprada en la tienda
- 1 ½ libra de queso ricota
- ½ taza de queso mascarpone
- 4 huevos batidos
- ½ taza de azúcar blanca
- 1 cucharada de brandy

Direcciones:

a) Precaliente el horno a 350 grados Fahrenheit.

b) Combine todos los ingredientes de relleno en un tazón para mezclar. Luego vierta la mezcla en la corteza.

c) Precaliente el horno a 350°F y hornee por 45 minutos.

d) Refrigere el pastel durante al menos 1 hora antes de servir.

82. Galletas de anís

Porciones: 36

Ingredientes:

- 1 taza de azúcar
- 1 taza de mantequilla
- 3 tazas de harina
- ½ taza de leche
- 2 huevos batidos
- 1 cucharada de polvo de hornear
- 1 cucharada de extracto de almendras
- 2 cucharaditas de licor de anís
- 1 taza de azúcar glas

Direcciones:

a) Precaliente el horno a 375 grados Fahrenheit.

b) Batir el azúcar y la mantequilla hasta que estén suaves y esponjosos.

c) Incorporar la harina, la leche, los huevos, el polvo de hornear y el extracto de almendras poco a poco.

d) Amasar la masa hasta que se vuelva pegajosa.

e) Forme bolitas con trozos de masa de 1 pulgada de largo.

f) Precaliente el horno a 350°F y engrase una bandeja para hornear. Coloque las bolas en la bandeja para hornear.

g) Precaliente el horno a 350°F y hornee las galletas por 8 minutos.

h) Combine el licor de anís, el azúcar glas y 2 cucharadas de agua caliente en un tazón.

i) Por último, sumerja las galletas en el glaseado mientras aún están calientes.

83. Panna cotta

Porciones: 6

Ingredientes:

- ⅓ taza de leche
- 1 paquete de gelatina sin sabor
- 2 ½ tazas de crema espesa
- ¼ de taza) de azúcar
- ¾ taza de fresas en rodajas
- 3 cucharadas de azúcar moreno
- 3 cucharadas de brandy

Direcciones:

a) Revuelve la leche y la gelatina hasta que la gelatina se disuelva por completo. Eliminar de la ecuación.

b) En una cacerola pequeña, hierva la crema espesa y el azúcar.

c) Incorpora la mezcla de gelatina a la crema espesa y bate durante 1 minuto.

d) Divide la mezcla entre 5 moldes.

e) Coloque una envoltura de plástico sobre los moldes. Después de eso, enfríe durante 6 horas.

f) En un tazón, combine las fresas, el azúcar moreno y el brandy; enfriar durante al menos 1 hora.

g) Coloque las fresas encima de la panna cotta.

84. Flan De Caramelo

Porciones: 4

Ingredientes:

- 1 cucharada de extracto de vainilla
- 4 huevos
- 2 latas de leche (1 evaporada y 1 condensada azucarada)
- 2 tazas de crema para batir
- 8 cucharadas de azúcar

Direcciones:

a) Precaliente el horno a 350 grados Fahrenheit.

b) En una sartén antiadherente, derrita el azúcar a fuego medio hasta que esté dorada.

c) Vierta el azúcar licuado en una fuente para horno mientras aún está caliente.

d) En un plato para mezclar, rompa y bata los huevos. Combine la leche condensada, el extracto de vainilla, la crema y la leche azucarada en un tazón. Haz una mezcla completa.

e) Vierta la masa en el molde para hornear cubierto de azúcar derretido. Coloque la cacerola en una cacerola más grande con 1 pulgada de agua hirviendo.

f) Hornear durante 60 minutos.

85. Crema Catalana

Porciones: 3

Ingredientes:
- 4 yemas de huevo
- 1 canela (palo)
- 1 limón (ralladura)
- 2 cucharadas de maicena
- 1 taza de azúcar
- 2 tazas de leche
- 3 tazas de frutas frescas (bayas o higos)

Direcciones:

a) En una sartén, mezcle las yemas de huevo y una gran parte del azúcar. Mezcle hasta que la mezcla esté espumosa y suave.

b) Agrega la rama de canela con la ralladura de limón. Haz una mezcla completa.

c) Mezcle la maicena y la leche. A fuego lento, revuelve hasta que la mezcla espese.

d) Saca la olla del horno. Dejar enfriar durante unos minutos.

e) Coloque la mezcla en moldes y reserve.

f) Dejar reposar por lo menos 3 horas en el refrigerador.

g) Cuando esté listo para servir, rocíe el azúcar restante sobre los moldes.

h) Coloque los moldes en el estante inferior de la caldera. Deje que el azúcar se derrita hasta que adquiera un color marrón dorado.

i) Como guarnición, servir con frutas.

86. Crema española de naranja y limón

Porciones: 1 Porciones

Ingrediente

- 4½ cucharaditas de gelatina natural
- ½ taza de jugo de naranja
- ¼ taza de jugo de limón
- 2 tazas de leche
- 3 huevos, separados
- ⅔ una taza de azúcar
- Pizca de sal
- 1 cucharada de cáscara de naranja rallada

Direcciones:

a) Mezcle la gelatina, el jugo de naranja y el jugo de limón y deje reposar durante 5 minutos.

b) Escalde la leche y agregue las yemas, el azúcar, la sal y la cáscara de naranja.

c) Cocine a baño maría hasta que cubra el dorso de una cuchara.

d) Después de eso, agregue la mezcla de gelatina. Frio.

e) Agregue las claras de huevo batidas a punto de nieve a la mezcla.

f) Refrigere hasta que cuaje.

87. melon borracho

Porciones: 4 a 6 porciones

Ingrediente

- Para el plato Una selección de 3 a 6 quesos españoles diferentes
- 1 botella de vino de Oporto
- 1 melón, sin la parte superior y sin semillas

Direcciones:

a) De uno a tres días antes de la cena, vierta el oporto en el melón.

b) Enfríe en el refrigerador, cubierto con una envoltura de plástico y con la tapa colocada de nuevo.

c) Retire el melón del refrigerador y retire la envoltura y la parte superior cuando esté listo para servir.

d) Retire el oporto del melón y colóquelo en un bol.

e) Cortar el melón en trozos después de quitar la cáscara. Coloque las piezas en cuatro platos refrigerados separados.

f) Servir en una guarnición con los quesos.

88. Sorbete de almendras

Porciones: 1 porciones

Ingrediente

- 1 taza de almendras blanqueadas; tostado
- 2 tazas de agua de manantial
- ¾ taza de azúcar
- 1 pizca de canela
- 6 cucharadas de jarabe de maíz ligero
- 2 cucharadas de Amaretto
- 1 cucharadita de ralladura de limón

Direcciones:

a) En un procesador de alimentos, muele las almendras hasta convertirlas en polvo. En una cacerola grande, combine el agua, el azúcar, el jarabe de maíz, el licor, la ralladura y la canela, luego agregue las nueces molidas.

b) A fuego medio, revuelve constantemente hasta que el azúcar se disuelva y la mezcla hierva. 2 minutos en ebullición

c) Ponga a un lado para que se enfríe Con una máquina para hacer helados, bata la mezcla hasta que esté semicongelada.

d) Si no tiene una máquina para hacer helados, transfiera la mezcla a un recipiente de acero inoxidable y congele hasta que esté duro, revolviendo cada 2 horas.

89.   tarta española de manzana

Porciones: 8 Porciones

Ingrediente

- ¼ libras de mantequilla
- ½ taza de azúcar
- 1 yema de huevo
- 1½ taza de harina tamizada
- 1 pizca de sal
- ⅛ cucharadita de polvo de hornear
- 1 taza de leche
- ½ cáscara de limón
- 3 yemas de huevo
- ¼ de taza) de azúcar
- ¼ taza de harina
- 1½ cucharada de mantequilla
- ¼ de taza) de azúcar
- 1 cucharada de jugo de limón
- ½ cucharadita de canela
- 4 manzanas, peladas y en rodajas
- Manzana; albaricoque, o cualquier jalea de elección

Direcciones:

a) Precaliente el horno a 350°F. Combine el azúcar y la mantequilla en un tazón. Mezcle los ingredientes restantes hasta que se forme una bola.

b) Estirar la masa en un molde con forma de resorte o en un molde para pastel. Mantenga refrigerado hasta que esté listo para usar.

c) Combine el jugo de limón, la canela y el azúcar en un tazón. Mezcle con las manzanas y revuelva para cubrir. Esto es algo que se puede hacer con anticipación.

d) Añadir la piel de limón a la leche. Lleve la leche a ebullición, luego reduzca a fuego lento durante 10 minutos. Mientras tanto, en una cacerola pesada, mezcle las yemas de huevo y el azúcar.

e) Cuando la leche esté lista, viértela lentamente en la mezcla de yemas mientras revuelves constantemente a fuego lento. Mezcle lentamente la harina mientras bate a fuego lento.

f) Continúe batiendo la mezcla hasta que esté suave y espesa. Retire la sartén del fuego. Agregue lentamente la mantequilla hasta que se haya derretido.

g) Rellena la corteza con la crema pastelera. Para hacer una capa simple o doble, coloque las manzanas encima. Coloque la torta en un horno a 350 ° F durante aproximadamente 1 hora después de que esté lista.

h) Retire y deje enfriar. Cuando las manzanas estén lo suficientemente frías para manipularlas, caliente la gelatina de su elección y rocíela por encima.

i) Deja la gelatina a un lado para que se enfríe. Atender.

90. flan de caramelo

Porciones: 1 Porciones

Ingrediente

- ½ taza de azúcar granulada
- 1 cucharadita de agua
- 4 yemas de huevo o 3 huevos enteros
- 2 tazas de leche, escaldada
- ½ cucharadita de extracto de vainilla

Direcciones:

a) En una sartén grande, combine 6 cucharadas de azúcar y 1 taza de agua. Calentar a fuego lento, agitando o removiendo de vez en cuando con una cuchara de madera, hasta que el azúcar se dore.

b) Vierta el jarabe de caramelo en una fuente para horno lo antes posible. Dejar enfriar hasta que esté duro.

c) Precaliente el horno a 325 grados Fahrenheit.

d) Batir las yemas de huevo o los huevos enteros juntos. Mezcle la leche, el extracto de vainilla y el azúcar restante hasta que esté completamente combinado. Vierta el caramelo enfriado encima.

e) Coloque la fuente para hornear en un baño de agua caliente. Hornee durante 1-112 horas, o hasta que el centro esté firme. Genial, genial, genial.

f) Para servir, invierta en un plato de servir con cuidado.

91. tarta de queso española

Porciones: 10 porciones

Ingrediente

- 1 libra de queso crema
- 1½ taza de azúcar; Granulado
- 2 huevos
- ½ cucharadita de canela; Terrestre
- 1 cucharadita de cáscara de limón; Rallado
- ¼ taza de harina sin blanquear
- ½ cucharadita de sal
- 1 x Azúcar de repostería
- 3 cucharadas de mantequilla

Direcciones:

a) Precaliente el horno a 400 grados Fahrenheit. Bate el queso, 1 cucharada de mantequilla y el azúcar en un recipiente grande para mezclar. No triture.

b) Agregue los huevos uno a la vez, batiendo bien después de cada adición.

c) Combine la canela, la ralladura de limón, la harina y la sal. Unte la sartén con mantequilla con las 2 cucharadas restantes de mantequilla, untándola uniformemente con los dedos.

d) Vierta la masa en el molde preparado y hornee a 400 grados durante 12 minutos, luego disminuya a 350 grados y hornee por otros 25 a 30 minutos. El cuchillo debe estar libre de cualquier residuo.

e) Cuando el pastel se haya enfriado a temperatura ambiente, espolvoréelo con azúcar glas.

92.   Natillas fritas españolas

Porciones: 8 porciones

Ingrediente

- 1 rama de canela
- Cáscara de 1 limón
- 3 tazas de leche
- 1 taza de azúcar
- 2 cucharadas de maicena
- 2 cucharaditas de canela
- Harina; para dragado
- lavado de huevo
- Aceite de oliva; para freír

Direcciones:

a) Combine la rama de canela, la cáscara de limón, 34 tazas de azúcar y 212 tazas de leche en una olla a fuego medio.

b) Llevar a ebullición baja, luego reducir a fuego lento y cocinar durante 30 minutos. Retire la cáscara de limón y la rama de canela. Combine la leche restante y la maicena en un recipiente pequeño para mezclar.

c) Batir bien. En un flujo lento y constante, revuelva la mezcla de maicena en la leche caliente. Llevar a ebullición, luego reducir a fuego lento y cocinar durante 8 minutos, revolviendo con frecuencia. Retire del fuego y vierta en una fuente para hornear de 8 pulgadas untada con mantequilla.

d) Deje que se enfríe por completo. Cubra y enfríe hasta que se enfríe por completo. Haz triángulos de 2 pulgadas con la crema pastelera.

e) Combine las 14 tazas de azúcar restantes y la canela en un tazón. Mezcle bien. Reboza los triángulos en harina hasta cubrirlos por completo.

f) Sumerja cada triángulo en el huevo batido y escurra cualquier exceso. Regrese las natillas a la harina y cubra completamente.

g) Caliente el aceite en una sartén grande a fuego medio. Coloca los triángulos en el aceite caliente y fríe por 3 minutos, o hasta que se doren por ambos lados.

h) Retire el pollo de la sartén y escúrralo sobre toallas de papel. Mezcle con la mezcla de azúcar y canela y sazone con sal y pimienta.

i) Continúe con el resto de los triángulos de la misma manera.

93. Tarta italiana de alcachofas

Porciones: 8 Porciones

Ingrediente

- 3 huevos; Vencido
- 1 Paquete de 3 Oz de Queso Crema con Cebollines; Ablandado
- ¾ cucharadita de ajo en polvo
- ¼ cucharadita de pimienta
- 1½ taza de queso mozzarella, leche parcialmente descremada; triturado
- 1 taza de queso ricota
- ½ taza de mayonesa
- 1 lata de 14 oz de corazones de alcachofa; Agotado
- ½ Lata de 15 Oz de Garbanzos, Enlatados; Enjuagado y Escurrido
- 1 lata de 2 1/4 oz de aceitunas en rodajas; Agotado
- 1 Tarro de 2 Oz de Pimientos; Cortado en cubitos y escurrido
- 2 cucharadas de perejil; cortado
- 1 masa de pastel (9 pulgadas); sin hornear
- 2 tomates pequeños; Rebanado

Direcciones:

j) Combine los huevos, el queso crema, el ajo en polvo y la pimienta en un recipiente grande para mezclar. Combine 1 taza de queso mozzarella, queso ricotta y mayonesa en un tazón.

k) Revuelva hasta que todo esté bien mezclado.

l) Cortar 2 corazones de alcachofa por la mitad y reservar. Picar el resto de los corazones.

m) Mezcle la mezcla de queso con los corazones picados, los garbanzos, las aceitunas, los pimientos y el perejil. Rellenar la masa de hojaldre con la mezcla.

n) Hornear durante 30 minutos a 350 grados. El queso mozzarella restante y el queso parmesano se deben espolvorear encima.

o) Hornee por otros 15 minutos o hasta que cuaje.

p) Dejar reposar durante 10 minutos.

q) Por encima, coloque rodajas de tomate y corazones de alcachofa en cuartos.

r) Atender

94. Duraznos horneados a la italiana

Porciones: 1 Porciones

Ingrediente

- 6 duraznos maduros
- ⅓ una taza de azúcar
- 1 taza de almendras molidas
- 1 yema de huevo
- ½ cucharadita de extracto de almendras
- 4 cucharadas de mantequilla
- ¼ taza de almendras rebanadas
- Crema espesa, opcional

Direcciones:

a) Precaliente el horno a 350 grados Fahrenheit. Los duraznos deben enjuagarse, partirse por la mitad y deshuesarse. En un procesador de alimentos, haga puré 2 de las mitades de durazno.

b) En un plato para mezclar, combine el puré, el azúcar, las almendras molidas, la yema de huevo y el extracto de almendras. Para hacer una pasta suave, combine todos los ingredientes en un tazón.

c) Vierta el relleno sobre cada mitad de durazno y coloque las mitades de durazno rellenas en una bandeja para hornear untada con mantequilla.

d) Espolvorea con almendras en rodajas y unta la mantequilla restante sobre los duraznos antes de hornear durante 45 minutos.

e) Sirva caliente o frío, con una guarnición de crema o helado.

95. Bizcocho italiano picante de ciruelas y ciruelas pasas

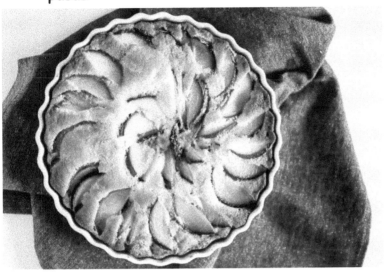

Porciones: 12 porciones

Ingrediente

- 2 tazas de italiano deshuesado y en cuartos
- Ciruelas pasas, cocidas hasta
- Suave y enfriado
- 1 taza de mantequilla sin sal, ablandada
- $1\frac{3}{4}$ taza de azúcar granulada
- 4 huevos
- 3 tazas de harina tamizada
- $\frac{1}{4}$ taza de mantequilla sin sal
- $\frac{1}{2}$ libra de azúcar en polvo
- $1\frac{1}{2}$ cucharada de cacao sin azúcar
- Pizca de sal
- 1 cucharadita de canela
- $\frac{1}{2}$ cucharadita de clavo molido
- $\frac{1}{2}$ cucharadita de nuez moscada molida
- 2 cucharaditas de bicarbonato de sodio
- $\frac{1}{2}$ taza de leche
- 1 taza de nueces, finamente picadas

- 2 a 3 cucharadas fuerte, caliente
- Café
- ¾ cucharadita de vainilla

Direcciones:

a) Precaliente el horno a 350°F. Unte con mantequilla y enharine un molde Bundt de 10 pulgadas.

b) En un recipiente grande, mezcle la mantequilla y el azúcar hasta que quede suave y esponjoso.

c) Batir los huevos uno por uno.

d) Combine la harina, las especias y el bicarbonato de sodio en un tamiz. En tercios, agregue la mezcla de harina a la mezcla de mantequilla, alternando con la leche. Solo bate para combinar los ingredientes.

e) Agregue las ciruelas pasas cocidas y las nueces y revuelva para combinar. Conviértalo en un molde preparado y hornee durante 1 hora en un horno a 350 °F, o hasta que el pastel comience a encogerse por los lados del molde.

f) Para hacer el glaseado, mezcle la mantequilla y el azúcar glas. Agregue gradualmente el azúcar y el cacao en polvo, revolviendo constantemente hasta que esté completamente combinado. Sazonar con sal.

g) Agregue una pequeña cantidad de café a la vez.

h) Bate hasta que quede suave y esponjoso, luego agrega la vainilla y decora el pastel.

96. Caramelo español de nuez

Porciones: 1 Porciones

Ingrediente

- 1 taza de leche
- 3 tazas de azúcar moreno claro
- 1 cucharada de mantequilla
- 1 cucharadita de extracto de vainilla
- 1 libra de carnes de nuez; Cortado

Direcciones:

a) Hervir la leche con el azúcar moreno hasta que se caramelice, luego agregar la mantequilla y la esencia de vainilla justo antes de servir.

b) Justo antes de retirar el caramelo del fuego, añade las nueces.

c) En un tazón grande, combine bien las nueces y vierta la mezcla en moldes para muffins preparados.

d) Cortar en cuadrados con un cuchillo afilado de inmediato.

97. budín de miel

Porciones: 6 porciones

Ingrediente

- ¼ taza de mantequilla sin sal
- 1½ taza de leche
- 2 huevos grandes; ligeramente batido
- 6 rebanadas de pan de campo blanco; Rasgado
- ½ taza Claro; miel fina, además
- 1 cucharada clara; miel delgada
- ½ taza de agua caliente; más
- 1 cucharada de agua caliente
- ¼ de cucharadita de canela molida
- ¼ cucharadita de vainilla

Direcciones:

a) Precaliente el horno a 350 grados y use un poco de mantequilla para enmantequillar un molde para pastel de vidrio de 9 pulgadas. Bate la leche y los huevos, luego agrega los pedazos de pan y voltéalos para cubrirlos uniformemente.

b) Deje el pan en remojo durante 15 a 20 minutos, dándole la vuelta una o dos veces. En una sartén antiadherente grande, caliente la mantequilla restante a fuego medio.

c) Freír el pan empapado en la mantequilla hasta que esté dorado, de 2 a 3 minutos por cada lado. Transfiera el pan a la fuente para hornear.

d) En un tazón, combine la miel y el agua caliente y revuelva hasta que la mezcla se mezcle uniformemente.

e) Agregue la canela y la vainilla y rocíe la mezcla sobre y alrededor del pan.

f) Hornear durante unos 30 minutos, o hasta que estén doradas.

98.   torta de cebolla española

Porciones: 2 porciones

Ingrediente

- ½ cucharadita de aceite de oliva
- 1 litro de cebollas españolas
- ¼ taza de agua
- ¼ taza de vino tinto
- ¼ de cucharadita de romero seco
- 250 gramos Papas
- 3/16 taza de yogur natural
- ½ cucharada de harina común
- ½ Huevo
- ¼ taza de queso parmesano
- ⅛ taza de perejil italiano picado

Direcciones:

a) Prepara las cebollas españolas cortándolas en rodajas finas y ralla las patatas y el queso parmesano.

b) En una sartén de fondo grueso, caliente el aceite. Cocine, revolviendo ocasionalmente, hasta que las cebollas estén blandas.

c) Cocine a fuego lento durante 20 minutos, o hasta que el líquido se haya evaporado y las cebollas se hayan vuelto de un color marrón rojizo oscuro.

d) Mezcle el romero, las patatas, la harina, el yogur, el huevo y el queso parmesano en un bol. Agregue las cebollas.

e) En una flanera resistente al horno de 25 cm bien engrasada, distribuya los ingredientes de manera uniforme. Precalentar el horno a 200°C y hornear durante 35-40 minutos, o hasta que estén doradas.

f) Adorne con perejil antes de cortar en gajos y servir.

99. pan suflé español

Porciones: 1

Ingrediente

- 1 caja de arroz integral rápido español
- 4 huevos
- 4 onzas de chiles verdes picados
- 1 taza de agua
- 1 taza de queso rallado

Direcciones:

a) Siga las instrucciones del empaque para cocinar el contenido de la caja.

b) Cuando el arroz esté listo, agregue los ingredientes restantes, excepto el queso.

c) Cubra con queso rallado y hornee a 325 °F durante 30-35 minutos.

100. Semifrío Congelado De Miel

Sirve: 8 porciones

Ingredientes

- 8 onzas de crema espesa
- 1 cucharadita de extracto de vainilla
- 1/4 cucharadita de agua de rosas
- 4 huevos grandes
- 4 1/2 onzas de miel
- 1/4 de cucharadita más 1/8 de cucharadita de sal kosher
- Coberturas como frutas en rodajas, nueces tostadas, semillas de cacao o chocolate rallado

Direcciones

a) Precaliente el horno a 350°F. Cubra un molde para pan de 9 por 5 pulgadas con una envoltura de plástico o papel pergamino.

b) Para el Semifreddo, en el tazón de una batidora de pie equipada con un accesorio para batir, bata la crema, la vainilla y el agua de rosas hasta que estén firmes.

c) Transfiera a un tazón o plato separado, cubra y enfríe hasta que esté listo para usar.

d) En el tazón de una batidora de pie, mezcle los huevos, la miel y la sal. Para mezclar, use una espátula flexible para mezclar todo. Ajuste el calor para mantener un fuego lento sobre el baño de agua preparado, asegurándose de que el recipiente no toque el agua.

e) En un recipiente de acero inoxidable, cocine, revolviendo y raspando regularmente con una espátula flexible, hasta que se caliente a 165 °F, aproximadamente 10 minutos.

f) Transfiera la mezcla a una batidora de pie equipada con un accesorio para batir una vez que alcance los 165 ° F. Batir los huevos a fuego alto hasta que estén espumosos.

g) Batir suavemente la mitad de la crema batida preparada a mano. Agregue los ingredientes restantes, bata rápidamente y luego mezcle con una espátula flexible hasta que estén bien mezclados.

h) Viértalo en un molde para pan preparado, cúbralo bien y congélelo durante 8 horas o hasta que esté lo suficientemente sólido como para rebanarlo, o hasta que la temperatura interna alcance los 0 °F.

i) Invierta el semifrío en un plato frío para servir.

CONCLUSIÓN

Este libro lo guía a través de todas las variedades de queso que se sirven en el Bar Mozzarella. Y encontrarás todos los trucos que necesitas para hacer pastas, helados y pizzas caseras que saben como si hubieran llegado directamente desde Italia.

www.ingramcontent.com/pod-product-compliance
Ingram Content Group UK Ltd.
Pitfield, Milton Keynes, MK11 3LW, UK
UKHW032221171224
452550UK00006B/110